Jörn Karlipp

Das Leben ist noch nicht zu Ende

AF210961

Jörn Karlipp

Das Leben ist noch nicht zu Ende

Geschichten aus dem Seniorenheim

Das Seniorenheim ist ein Ort, an dem viele
Geschichten erzählt werden.

Hier treffen sich Lebensgeschichten, Erfahrungen
und Emotionen, die das Leben der Bewohner und
Mitarbeiter prägen.

In diesem Buch werfen wir einen Blick auf die
einzigartigen Geschichten, die in einem
Seniorenheim entstehen.

Impressum

Bibliografische Information der Deutschen Nationalbibliothek:
Die Deutsche Nationalbibliothek verzeichnet diese Publikation
in der Deutschen Nationalbibliografie; detaillierte
bibliografische Daten sind im Internet über http://dnb.dnb.de
abrufbar.

Verlag: BoD · Books on Demand GmbH, In de Tarpen 42,
22848 Norderstedt

Druck: Libri Plureos GmbH, Friedensallee 273, 22763
Hamburg

ISBN: 978-3-7693-0744-3

Inhaltsverzeichnis

◆ Vorwort 8

◆ Unter dem Tisch 10

◆ Der Melodienmacher im Seniorenheim 15

◆ Erinnerungen im Seniorencafé 20

◆ Der letzte Atemzug 24

◆ Feste der Freude 29

◆ Der Abschied von Herr Rauschke 33

◆ Herberts Weg ins Seniorenheim 37

◆ Vom erfüllten Leben zur stillen Schlussfolgerung 41

◆ Der unvergessliche Franz 43

◆ Tanzen auf der Schwelle der Erinnerungen 45

◆ Ein Glas Sekt und die Melodie der Erinnerungen 49

◆ Die Melodie der Erinnerungen 54

◆ Ein neues Zuhause 58

◆ Lottis Lächeln und Mechthilds Licht 62

◆ Ein Licht in der Dunkelheit 67

◆ Das Licht der Erinnerungen 71

◆ Der Duft von Apfelstrudel und Freundschaft 75

◆ Der letzte Aufstand des Herrn Schröder 79

◆ Der Stammtisch 83

◆ Freds Melodien 88

◆ Erinnerungen im Schatten der Zeit 92

◆ Luftgitarre 97

◆ Ein Lebensbild voller Erinnerungen 102

◆ Ein Tag im Leben von Gerda 108

◆ Kati – Ein Weg in die Pflege 112

◆ Ein Leben voller Farben und Melodien 117

◆ Weihnachtsfeier 122

◆ Ein neuer Anfang 126

◆ Julis besondere Bindung zu den Bewohnern 131

◆ Sein neues Kapitel 135

◆ Frühdienst 139

◆ Ein Seniorenheim als große Familie 145

Vorwort

Vielen Dank, dass Sie sich für dieses Buch entschieden haben! Es freut mich sehr, dass Sie eine kleine Zeitreise in die Geschichten aus dem Seniorenheim antreten möchten.

In diesen Seiten finden Sie nicht nur Erzählungen von unseren Bewohnern, sondern auch Einblicke in den Alltag, der oft voller Überraschungen und Emotionen steckt.

Vielleicht träumen wir alle insgeheim davon, dass jeder Tag im Seniorenheim so harmonisch abläuft wie die Geschichten, die hier erzählt werden. Tatsächlich liegt es an uns allen, einen Teil zu diesem harmonischen Miteinander beizutragen.

Ob durch ein Lächeln, ein aufmerksames Ohr oder einfach nur etwas Zeit zum Plaudern – jeder kleine Schritt zählt und kann das Leben der älteren Menschen bereichern.

Das Seniorenheim ist mehr als nur ein Ort des Wohnens; es ist ein lebendiges Zuhause, wo Erfahrungen und Erinnerungen miteinander geteilt werden.

Die Geschichten, die hier gesammelt sind, erinnern uns daran, wie wichtig es ist, zuzuhören und zu verstehen. Sie zeigen uns, dass in jedem einzelnen Bewohnenden eine einzigartige Geschichte steckt – voller Vergangenheit, Weisheit und manchmal auch Humor.

Wir hoffen, dass Sie beim Lesen dieses Buches inspiriert werden, selbst aktiv zu werden. Vielleicht möchten Sie ja auch einmal ein Gespräch beginnen oder eine gemeinsame Aktivität planen.

Denn durch unser gemeinsames Engagement können wir dazu beitragen, dass sich alle stets wohlfühlen und die Zeit im Seniorenheim harmonisch gestaltet wird.

Lassen Sie uns zusammen dafür sorgen, dass diese Geschichten nicht nur auf Papier stehen, sondern auch lebendig werden – jeden Tag aufs Neue! Viel Freude beim Lesen!

Unter dem Tisch

Es war ein milder Nachmittag im Seniorenheim, wo
die Wände mit bunten Bildern aus der Jugendzeit
der Bewohner geschmückt waren. Herr Maier, ein
91-jähriger Mann mit verwehten grauen Haaren
und tiefen Furchen im Gesicht, saß an einem
kleinen Tisch in der Ecke des Gemeinschafts-
raums. Vor ihm lag ein einfaches Mittagessen, das
er jedoch kaum beachtete. Seine geduldigen
Hände ruhen auf der Tischplatte, während seine
Gedanken weit weg waren – in einem anderen
Leben, vor vielen Jahren.

Herr Maier war einst Kameramann bei der DEFA,
dem Deutschen Fernseh- und Filmgesellschaft, in
Babelsberg, und hatte viele Geschichten durch die
Linse seiner Kamera festgehalten. Doch die Zeit
war gnadenlos, und die Erinnerungen vermischten
sich in seinem Kopf wie die Farben in einer
misslungenen Farbpalette. Seine Frau, die vor 20
Jahren verstorben war, schien immer noch an
seiner Seite zu sein – ein flüchtiger Schatten, der
ihn oft anlächelte und flüsterte, dass alles gut sein
würde. In den letzten zehn Jahren hatte ihn die
Demenz schwer getroffen. Oft saß er unter dem
Tisch, um dem Rauch der Vergangenheit zu
entkommen, um nicht von den unbarmherzigen
Geistern vergessen zu werden.

Die Pflegerinnen im Heim hatten ihre liebevolle
Geduld mit ihm. Frau Hoffmann, eine fröhliche

Seele mit roten Wangen und einem ständigen Lächeln, wusste, dass Herr Maier es liebte, Geschichten zu erzählen, insbesondere, wenn er seinen Filmschnitt aus den goldenen UFA-Tagen zum Besten gab. So oft konnte sie ihn überreden, seine Erinnerungen mit den anderen Bewohnern zu teilen, aber oft kam der Punkt, an dem seine Stimme brach und die Worte ihm entwischten. An diesen Stellen zog er sich unter den Tisch zurück, um das schmerzhafte Gefühl des Vergessens abzuwenden.

Eines Tages, als die Sonne sich golden hinter den Bäumen versteckte, kam ein neuer Bewohner ins Heim – Herr Schreier, ein älterer Mann mit einem verschmitzten Blick und einer Aura des Geheimnisvollen. Er hatte eine Vorliebe für alte Filme und war fasziniert von Herrn Maiers Geschichten. „Ich glaube, wir haben uns schon einmal begegnet", sagte Schreier mit einem schüchternen Lächeln und voller Aufregung. „Hat nicht ein gewisser Herr Maier einen Film über die Magie des Lebens gemacht?'

Herr Maier blickte auf und zuckte kurz zusammen, als ob sich ein Lichtstrahl durch die Wolken seines Geistes bahnte. War es möglich, dass jemand sich an ihn erinnerte? Diese kleine Blüte der Hoffnung ließ ihn wieder unter dem Tisch hervorkriechen. Es war der erste Funke, der ihn dazu brachte, seine Vergangenheit erneut zu erkunden und sich den Schatten zu stellen.

Die beiden Männer wurden schnell Freunde, und Herr Schneider half Herrn Maier, einige seiner vergessenen Erinnerungen zurückzuholen. Sie verbrachten Stunden damit, alte Filmplakate zu betrachten und über die damaligen Drehorte zu sprechen. Herr Maier fühlte sich lebendiger, als er Geschichten von den Abenteuern am Set erzählte – von den Starlets, die er lieben gelernt hatte, und von den Nächten, in denen sie zusammen gelacht und getrunken hatten. Er fand Trost in den Augen seines neuen Freundes, der jede Silbe mit Staunen aufnahm.

In den folgenden Wochen blühte Herr Maier auf. Die Episoden, die er lange für verloren geglaubt hatte, kehrten zurück und mit ihnen eine neue Zuversicht. Doch in der Nacht, als er allein in seinem Zimmer lag, setzte die Einsamkeit wie ein kalter Hauch ein. Er hatte Angst, wieder zu vergessen, wieder unter dem Tisch zu sitzen – allein mit den Geistern seiner Erinnerung, die mit jeder Stunde, die verging, stärker wurden.

„Vor zwanzig Jahren ist meine Frau gestorben", flüsterte er eines Abends zu Herr Schreier, der neben ihm saß und eine Tasse Tee hielt. „Ich fühle mich so verloren ohne sie." Seine Stimme war brüchig, und die Tränen richteten sich in seinen Augen ein.

„Sie ist nie wirklich weg", sagte Herr Schreier sanft.

„Sie lebt in deinen Erinnerungen weiter. Lass uns gemeinsam dafür sorgen, dass du sie nicht vergisst."

Mit dieser Ermutigung begann Herr Maier, jeden Tag eine kleine Geschichte aufzuschreiben. Es war eine Art persönliches Vermächtnis, eine Sammlung von Momenten, die er festhalten wollte. Während er schrieb, stellte er fest, dass es nicht nur die Erinnerungen an seine Frau waren, die ihm Kraft gaben. Es waren auch die Geschichten, die er an anderen Orten, mit anderen Menschen erlebt hatte – die Filme, die er gedreht hatte, die Leben, die er festgehalten hatte.

Eines Tages, während er an einem neuen Kapitel arbeitete, spürte er, dass seine Zeit abgelaufen war. Sein Körper war müde, und er wusste, dass der Schatten des Todes naht. Doch an diesem Punkt war Herr Maier nicht ängstlich. Er wusste, dass er mit all seinen Geschichten, mit der Liebe zu seiner Frau und den Freundschaften, die er geknüpft hatte, ein erfülltes Leben geführt hatte.

In der Nacht, bevor er für immer schloss, sah er in Herrn Schreiers Augen und lächelte. „Ich hoffe, dass du irgendwann meine Geschichten weitererzählst", flüsterte er. „Sie sind alle noch in mir, tief in meinem Herzen."

Am nächsten Morgen fanden die Pflegerinnen ihn ruhig im Bett liegen. Ein kleiner Notizblock mit seinen Geschichten lag auf der Brust, während sein Gesicht Frieden ausstrahlte. Herr Maier war gegangen, aber seine Erinnerungen lebten in den Herzen derjenigen weiter, die ihn gekannt hatten – vor allem in den Augen seines neuen Freundes, der versprochen hatte, niemals unter den Tisch zu kriechen, sondern die Geschichten weiterzuleben, die er und Herr Maier miteinander geteilt hatten.

Der Melodienmacher im Seniorenheim

In einem, modernen Seniorenheim in unserer
Stadt begann John, der neue Alltagsbegleiter,
seine Reise in eine neue Lebensphase. John, eine
ausgebildete Pflegekraft, hatte zuvor im
Krankenhaus gearbeitet, wo er unzählige Stunden
damit verbrachte, kranke Menschen zu betreuen.
Doch die Diagnose Rheuma hatte ihm die
gewohnte Routine genommen. Das Zupacken
eines alten Klaviers oder das Heben schwerer
Pflegeutensilien war nun schmerzhaft. Um sich
selbst eine neue Perspektive zu geben, entschloss
er sich, in einem Seniorenheim zu arbeiten—
einem Ort, an dem seine Erfahrung und
Leidenschaft für die Menschen gefragt waren.

Als er an seinem ersten Arbeitstag das Heim
betrat, war es eine Mischung aus warme Farben,
sanften Lichtern und dem leisen Murmeln von
Gesprächen. Für viele der 1´0 Bewohner war das
Seniorenheim ihre letzte Station, eine
vermeintliche Festung geger den Älterwerden.
John war der einzige Mann im Betreuungsteam,
was ihm nicht nur Respekt, sondern auch eine
besondere Verantwortung einbrachte. Er wusste
sofort, dass er sein Bestes geben wollte.

Die ersten Tage waren herausfordernd. Viele
Senioren litten an Demenz, und es fiel John
manchmal schwer, ihre Erinnerungen
zurückzubringen. Doch er gab nicht auf. Mit jedem

Gespräch setzte sich ein neues Licht in ihm in Bewegung. Es war nicht lange her, da war er zurückhaltend, aber schon bald sprach er mit jedem Bewohner, als kenne er sie sein ganzes Leben lang. Einfachheit war der Schlüssel. Mit Namen, Geschichten und sogar deren Lieblingsgerichten begann er eine Bindung zu ihnen aufzubauen.

Ein paar Wochen später hatte John einen besonderen Plan gefasst. Als leidenschaftlicher Bäcker verstand er den Wert von Erinnerungen, die mit Geschmack und Geruch verbunden waren. So beschloss er, wöchentliche Backnachmittage einzuführen. Das erste Mal hatte er eine Gruppe von Senioren um sich versammelt, die skeptisch, aber neugierig waren. Er stellte die Zutaten auf den Tisch und erklärte stolz, dass heute Apfelkuchen auf dem Programm stand. Während sie Teig kneteten und Äpfel schnitten, entfalten sich die Geschichten der Vergangenheit—über die leckeren Kuchen, die die Mütter gebacken hatten, über die Feiertage und die Familienfeiern.

Die Atmosphäre, die sich während des Backens entwickelte, war magisch. Die anfängliche Skepsis verwandelte sich schnell in Gelächter und Gesang. John spielte leise Musik im Hintergrund, und seine tiefgreifende Stimme füllte den Raum. Als er einen alten deutschen Volkslied anstimmte, sangen alle begeistert mit, einige Seniorinnen stimmten sich sogar mit harmonischen Stimmen ein. Diese

Momente der Freude und des Zusammenseins wurden von Woche zu Woche mehr und mehr geschätzt.

Mit seinen neu gewonnenen Freunden, den Senioren, lernte John auch, wie wichtig Nähe und Vertrauen waren. Sie teilten Geschichten aus ihrer Jugend, lachten über alte Streiche und halfen sich gegenseitig beim Erkennen verlorener Namen, die in ihren Köpfen schwirrten. John wurde nicht nur zu ihrem Alltagsbegleiter, sondern auch zu einem vertrauten Freund. Sie vertrauten ihm ihre Sorgen an und wohnten seinen musikalischen Darbietungen begeistert bei.

Eines Tages kam eine neue Bewohnerin ins Haus—Frau Müller, eine elegante Dame im besten Alter, die jedoch von Traurigkeit geplagt war. Ihre Lieder waren verstummt, seitdem ihr Ehemann gestorben war. John spürte ihre Einsamkeit und wollte auch ihr helfen. Während eines Backnachmittags fragte er sie, ob sie ihm bei einem neuen Rezept helfen könnte. Sie zögerte zunächst, aber dann sprang ein Funke in ihr auf. Langsam begann sie zu backen, und während sie arbeitete, erzählte sie von den köstlichen Zimtschnecken, die sie immer für ihre Familie zubereitet hatte.

Im Laufe dieser Wochen stellte John fest, dass Frau Müller mit jedem Tag mehr Aufblühte. Ihre Stimme wurde wieder lauter, ihr Lächeln strahlender. Wenn er mit ihr sang, leuchteten ihre Augen, und die Traurigkeit schwand langsam. Im Herzen jeder Melodie, die sie zusammen sangen, lebte auch die Liebe weiter, die sie für ihren Mann empfand.

Eines Nachmittags, als John mit seiner Klavierbegleitung eine kleine Aufführung für die Senioren plante, bemerkte er, dass die ganze Gemeinschaft zusammengefunden hatte, um einander zu unterstützen. Jeder trug dazu bei, sein eigenes Stück einzubringen—von Gedichten über kleinere musikalische Darbietungen zum gemeinsamen Singen. Es wurde ein Abend voller Emotionen, in dem auch Tränen vergossen wurden, diese aber mit einem warmen Lächeln wischend.

John dachte darüber nach, wie viel er in diesem neuen Job gelernt hatte—es ging nie nur darum, die Körper zu pflegen, sondern vor allem um die Seelen. Jeder Mensch hatte eine Geschichte, einen Wunsch, ein Lied, das gehört werden wollte. Er hatte nicht nur seine Berufung wiedergefunden, sondern auch Freunde, die ihm zeigten, dass trotz aller Schwierigkeiten das Leben immer weitergehen konnte.

Am Ende des Abends, während der letzte Akkord verhallte, wurde John von den Senioren umarmt. Er war nicht nur der Bäcker und Sänger geworden, sondern der Melodienmacher, der den Takt seines

Herzens mit dem seiner Schützlinge verband. Gemeinsam hatten sie den Alterszopf gebacken, und jeder Genusspartner hatte seine Erinnerungen genährt.

Und so blühte das Seniorenheim unter Johns Einfluss auf, ein lebendiger Ort voller Lieder und Lachen, wo jeder Tag einen neuen Klang mit sich brachte. In dem kleinen alten Klavier fanden die Melodien der Lebensgeschichten ihren Platz, und die Beatmung der Vergänglichkeit wurde zur Musik des Lebens selbst.

Erinnerungen im Seniorencafé

Es war ein grau bewölkter Morgen, als die ersten Sonnenstrahlen zaghaft hinter den Wolken hervorblitzten, als würden sie versuchen, den Tag zu begrüßen. Im Seniorenheim war das Treiben bereits in vollem Gange. In vier Wohnbereichen, jeder mit etwa 30 Bewohnern, begannen die Betreuerinnen und Pflegekräfte ihren Tag. Die Atmosphäre war geschäftig, aber auch freundlich – jeder kannte jeden, und es gab viele Geschichten zu erzählen.

Im ersten Wohnbereich, bekannt für die lebhaften Diskussionen über vergangene Zeiten, saß Herr Müller. Er war ein alter Geschichtenerzähler, dessen Augen so lebhaft funkelten wie in seinen jüngeren Jahren, als er als Lehrer gearbeitet hatte.

Heute war er umgeben von ein paar anderen Bewohnern, die gespannt seinen Anekdoten lauschend in ihren gemütlichen Sesseln kauerten. „Wisst ihr," begann er, „als ich ein junger Mann war, habe ich den ersten Flug ins All miterlebt. Kann sich jemand von euch vorstellen, wie das war?"

Frau Schmidt lächelte und winkte mit der Hand. „Oh, Herr Müller, deine Geschichten sind immer so aufregend! Aber was ist mit dem Tag, als du deinen ersten Kuss hattest?", fragte sie schalkhaft. Es brach Gelächter aus, und der Raum erfüllte sich mit einem Gefühl von Gemeinschaft und

Freude.

Unterdessen kämpfte das Pflegepersonal mit den Herausforderungen des Alltags. Frau Winter, die Pflegedienstleiterin, fühlte den Druck, der auf ihren Schultern lastete. Es gab einfach nicht genug Hände, um die zahlreichen Bedürfnisse der Bewohner zu decken. Doch trotz des Stresses war ihre Freundlichkeit ungebrochen. Sie lächelte, während sie durch die Gänge eilte, um sicherzustellen, dass jeder Bewohner die Pflege erhielt, die er benötigte. „Wir schaffen das gemeinsam," murmelte sie zu sich selbst, während sie den nächsten Raum betrat.

Im zweiten Wohnbereich war es ruhiger. Hier lebte der ehemalige Koch, Herr Schneider, der seine Leidenschaft für die Zubereitung von Speisen nie verloren hatte. Jeden Tag bereitete er überraschende Gerichte für die anderen Bewohner und die Mitarbeiter. Er nutzte die Küche hier als sein persönliches Atelier. „Essen ist eine Kunst!", erklärte er stolz, während er den Pfeffer über die frischen Gemüsesorten streute. „Es weckt die Erinnerungen, die wir in uns tragen." Die Köche, die in der Hauptküche arbeiteten, hatten großen Respekt vor seinem Talent, obwohl sie oft über die enge Zeitspanne klagten.

In der Verwaltung war es nicht einfacher. Die Hauswirtschafterinnen, die für die Sauberkeit und Ordnung sorgten, jonglierten mit den täglichen

Aufgaben und den ständigen Anfragen. Sie waren stets bereit, den Pflegekräften unter die Arme zu greifen, wo sie konnten. „Gemeinsam sind wir stark", sagte Maria, während sie mit einer der Betreuerinnen zusammenarbeitete. Ihre freundlichen Worte halfen, den Stress ein wenig zu lindern.

Die Kollegen – egal ob Pfleger, Techniker oder Köche – teilten alle dasselbe Ziel: den Bewohnern ein würdevolles und glückliches Leben zu ermöglichen. Sie veranstalteten regelmäßig kleine Feiern, um die Bewohner zu ermutigen, ihre Geschichten zu teilen. So kam es auch, dass an einem goldenen Nachmittag im Garten des Heims ein besonderes Fest geplant wurde. Es war der erste Sommertag des Jahres und eine perfekte Gelegenheit, die Bewohner zum Erzählen ihrer Geschichten einzuladen.

„Erzählt uns mehr!", forderte Frau Winter, als sie lächelnd einige der älteren Herren anstarrte. „Was war der schönste Tag in eurem Leben?" Einige der Bewohner teilten herzliche Erlebnisse, die von abenteuerlichen Reisen bis hin zu traumhaften Hochzeiten reichten. Und während sie sprachen, bemerkte das Pflegepersonal das Licht in den Augen der Bewohner, die diese kostbaren Momente zurückholten.

Aber wie es im Leben häufig der Fall ist, kam nach diesem fröhlichen Tag auch der ernste Teil des

Lebens wieder. Die Schwangerschaft eines neuen Pflegepersonals kündigte sich an, doch es wurde rasch klar, dass dies eine besondere Herausforderung darstellen würde. Frau Winter stand vor der schwierigen Entscheidung, wie sie mit der Situation umgehen sollte, ohne die Qualität der Pflege zu beeinträchtigen.

In dieser herausfordernden Zeit fanden die Kollegen Unterstützung füreinander und trugen einen enormen Teil dazu bei, dass das Seniorenheim weiterhin harmonisch blieb. Die Belastung war groß, doch die Bewohner blieben der Lichtblick. Immer wenn sich jemand niedergeschlagen fühlte, erinnerten sie sich an die vielen Geschichten, die das Heim lebendig hielten.

Und so schloss sich der Kreis: Inmitten des Stresses, der Herausforderungen und der Sorgen schafften es die Pflegekräfte, ihre Menschlichkeit und ihren Humor zu bewahren. Letztendlich war es die Gemeinschaft, die sowohl die Bewohner als auch die Mitarbeiter trug und verband, und die vielen Lebensgeschichten, die im Seniorenheim erzählt wurden, zeugten von der Kraft der Erinnerungen.

Die Sonne strahlte schließlich über dem alten Eichenbaum, das Licht fiel sanft auf die Gesichter der Bewohner und Pflegekräfte, und für einen Moment schien es, als könnte alles möglich sein, solange man einander hatte.

Der letzte Atemzug

Von außen wirkte das Seniorenheim freundlich und einladend, mit bunten Blumen in den Gartenbeeten und lauschigen Sitzplätzen im Garten. Doch für die Menschen, die dort lebten und arbeiteten, war das Jahr, das gerade zu Ende ging, von ergreifenden Veränderungen und schmerzlichen Abschieden geprägt.

Die Pflegerin Anna war eine der vielen, die sich um die alten Menschen kümmerte. Sie war eine leidenschaftliche Pflegekraft, immer mit einem Lächeln im Gesicht, selbst wenn ihre Augen manchmal betrübt waren. Anna arbeitete seit fünf Jahren dort, und obwohl sie sich oft erschöpft fühlte, hatte sie nur einen Wunsch: den Bewohnern, die letzten Monate ihres Lebens so angenehm wie möglich zu gestalten.

In diesem Jahr jedoch erlebte Anna eine Welle der Trauer. Mehr als zwanzig ihrer Bewohner waren verstorben – jeder von ihnen war einzigartig und hatte seine eigene Geschichte, die nun versandet war. Es brach ihr das Herz, wenn sie an die Geschichten von Herr Müller, der leidenschaftlich gern musizierte, oder Frau Schmidt, die mit ihren spannenden Erzählungen die anderen Bewohner zum Lachen brachte, dachte.

Eines Abends, als die Sonne hinter den Häusern verschwand und der Himmel in sanften Rosa- und

Orangetönen leuchtete, saß Anna auf der Veranda und beobachtete den Garten, der in der Dämmerung still und friedlich dalag. Der Duft der blühenden Rosen erfüllte die Luft. Neben ihr saß John, ein neuer Betreuer, der vor kurzem im Heim angefangen hatte. Er war freundlich, voller Elan, doch auch in seinen Augen spiegelte sich ein Hauch von Traurigkeit wider.

„Es ist schwer, nicht wahr?", begann Anna, ohne John anzusehen. Er nickte zustimmend.

„Ja, es fühlt sich an, als würden wir jeden Tag etwas verlieren", antwortete er leise. „Ich habe nicht erwartet, dass es so emotional wird."

Die beiden teilten in diesem Moment eine stille Verbindung. Es war wichtig, dass sie über ihre Gefühle sprachen, denn beide trugen die Last der Trauer mit sich herum. Diese Gespräche halfen, die Kluft zwischen den schweren Gedanken und der täglichen Arbeit zu überbrücken.

Im Laufe des Jahres entdeckten Anna und John, dass sie nicht allein waren. Die anderen Betreuer hatten ebenfalls mit den Verlusten zu kämpfen, und als sie begannen, ihre Emotionen zu teilen, entstand eine neue Art von Gemeinschaft. Sie machten es sich zur Aufgabe, nicht nur die Bewohner zu begleiten, sondern auch füreinander da zu sein. Bei Teepausen und Abend-besprechungen sprachen sie über ihre

Erinnerungen oder lasen sich gegenseitig aus Büchern vor, um ein wenig Licht in den grauen Alltag zu bringen.

Ein besonderes Projekt formte sich, als Anna die Idee hatte, eine Erinnerungswand zu schaffen. Dort konnten die Betreuer Fotos und kleine Notizen der verstorbenen Bewohner aufhängen – Erinnerungen, die die Geschichten der Lebensfreude und der Trauer lebendig halten sollten. John war sofort begeistert und half beim Gestalten. Schritt für Schritt füllte sich die Wand mit Bildern von Lächeln, Ausflügen und gemeinsamen Festen.

Als der erste Jahrestag des Verlustes von Frau Schmidt näher rückte, gab es für die Betreuer und Kollegen ein Treffen, um über die Ehrung ihrer offenen Wunden nachzudenken. Anna stellte einen Vorschlag vor, der allen am Herzen lag: ein kleines Fest zu Ehren aller verstorbenen Bewohner. Es sollte ein Tag der Erinnerungen werden, mit Musik, Geschichten und vielleicht sogar dem einen oder anderen Lieblingsgericht der Senioren.

Der Tag kam und die Vorbereitungen waren aufregend. Der Garten wurde festlich geschmückt, und für einen Moment schien die Trauer den Platz zu verlassen. Alle Mitarbeiter arbeiteten zusammen, um das Fest vorzubereiten. Es war eine Herausforderung, aber auch eine Gelegenheit, die Gemeinschaft zu stärken, die im

Herzen verwurzelt war.

Am Tag des Fests strahlte die Sonne hell, und die Bewohner, die noch im Heim lebten, waren aufgeregt. Anna und John hielten eine kleine Ansprache, in der sie von den Lebensgeschichten erzählten und die Erinnerungswand enthüllten. Tränen der Rührung wurden vergossen, aber es gab auch Lachen und Glücksmomente, die das Herz erwärmten.

Die Bewohner erzählten Geschichten von den Verstorbenen, von Abenteuern und Freundschaften, die über Jahrzehnte hinweg gewachsen waren. Es wurde ein Tag des Gebens und Empfangens – eine Feier des Lebens und der Erinnerungen.

Als die Dämmerung hereinbrach und die ersten Sterne am Himmel leuchteten, spürten Anna und John eine tiefe Dankbarkeit. Durch die Trauer hatten sie nicht nur die Geschichten der verlorenen Seelen bewahrt, sondern auch eine stärkere Gemeinschaft in der Gegenwart aufgebaut. Es war der Beginn einer neuen Tradition, die fortan durch die Flure des „Sonnenschein" hallen würde.

Die Erfahrung des letzten Atemzugs wurde nun nicht mehr nur als Schmerz wahrgenommen, sondern auch als Möglichkeit, den Wert des Lebens zu feiern. In ihren Herzen trugen Anna und John das Licht und die Liebe all jener, die sie betreut hatten, und wussten, dass der Kreis des Lebens weitergehen würde – für die Verstorbenen und für alle, die bleiben.

Feste der Freude

Das Heim ist nicht nur ein Ort des Wohnens für seine Bewohner, sondern auch ein pulsierendes Zentrum voller Lachen, Musik und Freude.

Die Bewohner, eine bunte Mischung aus lebhaften Persönlichkeiten, blickten dem Fasching mit Vorfreude entgegen. Clara, eine ehemalige Tanzlehrerin, hatte die Initiative ergriffen, um ihren Mitbewohnern die bunten Kostüme und fröhlichen Tänze näherzubringen. Sie war überzeugt, dass jeder, unabhängig von seinem Alter, die Freude am Feiern erleben sollte. Gemeinsam mit Paul, einem ehemaligen Boxer mit einem Herz aus Gold, organisierten sie den ersten großen Faschingsball im Sonnensaal.

Am Tag des Balls wurden die Tische mit bunten Luftballons und Glitzer dekoriert. Die Bewohner trugen selbstgemachte Kostüme – von glitzernden Prinzessinnen bis hin zu furchtlosen Piraten. Selbst die Bettlägerigen wurden in ihren Betten ins Restaurant gefahren. Für sie gab es keine Einschränkungen, nur die Freude, Teil des Geschehens zu sein.

Der Höhepunkt des Abends war ein Tanzwettbewerb, an dem jeder teilnehmen konnte. Während die Musik durch den Raum schallte, war das Seniorenheim erfüllt von unbeschwertem Gelächter und fröhlichen Klängen. Clara und Paul führten die Tänze an, und bald schon wogte eine Welle des Enthusiasmus durch den Raum, als auch die scheuesten Bewohner sich endlich trauten, zu tanzen.

Mit dem Sommer kam das Sommerfest, das traditionell im Garten des Heims stattfand. Die Sonne strahlte, während die Bewohner gemeinsam ein großes Picknick vorbereiteten. Es gab hausgemachte Leckereien, und einige der engagierten Angehörigen halfen dabei, alles vorzubereiten. Gisela, eine talentierte Bäckerin, brachte ihre berühmten Strudel mit, die schnell zum Gesprächsthema des Tages wurden.

Die Kinder der Nachbarschaft waren eingeladen, und es war ein Fest für alle Sinne. Die Bewohner erzählten Geschichten aus ihrer Jugend und die Kinder lauschten mit großen Augen. Die Geselligkeit floss, als jemand eine Gitarre zückte und ein altes Liebeslied anstimmte. Jeder sang mit, auch wenn die Melodien manchmal etwas schief klangen – das machte nichts. Ein Gefühl von Gemeinschaft hüllte die Runde ein, und selbst diejenigen, die nicht mehr so mobil waren, fühlten sich eingebunden.

Als der Herbst heranbrach, bereitete sich das Heim auf das Oktoberfest vor. Die Wände wurden mit bunten Fahnen geschmückt, und alle halfen mit, die typischen Brezeln und Würstchen vorzubereiten. Helfende Hände kamen aus allen

Ecken: von den Angehörigen über die Pfleger bis hin zu den Bewohnern selbst. Über das ganze Wochenende verteilt fanden verschiedene kleine Veranstaltungen statt. Es gab Spiele, bei denen die Senioren ihr Wissen über bayerische Bräuche testen konnten, und auch ein Biergarten wurde improvisiert, in dem nicht alkoholische Getränke serviert wurden.

Das Highlight des Oktoberfestes war der Oktoberfesttanz, an dem jeder teilnahm, der wollte. Clara und Paul donnerten in ihren Trachten durch den Garten, gefolgt von einer fröhlichen Menge von Senioren, die Lieder sangen und tanzten. Es war ein Anblick, den niemand so schnell vergessen würde.

Der Winter brachte die Weihnachtsfeiern mit sich. Die ersten Schneeflocken fielen, und das Seniorenheim erstrahlte festlich geschmückt in Lichtern und Girlanden. Gisela, immer noch die unangefochtene Königin der Backkunst, stellte riesige Plätzchenteller auf, während andere Bewohner Musik vorbereiteten. Jeder half, die vorweihnachtliche Stimmung aufleben zu lassen.

Die Weihnachtsfeier war ein magischer Abend. Geschichten wurden erzählt, Geschenke ausgetauscht und das Lied „Stille Nacht" hallte durch das Haus. Es gab auch eine kleine Andacht für diejenigen, die es wünschten, und selbst die bedürftigen Bewohner im Bett wurden ins

Restaurant gebracht, um sich in die festliche Atmosphäre einhüllen zu können.

In diesen Momenten, während der Feste, schien die Zeit stillzustehen. Der Alltag trat in den Hintergrund, und die Senioren genossen jeden Augenblick, den sie miteinander teilten. Es war eine Zeit, in der alte Wunden heilen konnten und neue Freundschaften entstanden.

Die Geschichte des Heims war eine von Gemeinschaft, Freude und der Überzeugung, dass das Leben auch in den späteren Jahren reich an Erfahrungen und Liebe sein kann. Clarity, Paul, Gisela und die anderen hatten ein Zuhause geschaffen, in dem jeder Lebensmoment gefeiert wurde, egal wie klein oder groß er war.

Als der letzte Schnee zu schmelzen begann und die ersten Blumen im Frühling aufblühten, saßen die Bewohner auf dem Balkon und planten bereits das nächste große Fest – was auch immer es sein würde, eines wussten sie alle: Es würde unvergesslich werden.

Der Abschied von Herr Rauschke

Es war ein grauer, regnerischer Nachmittag im Seniorenheim. Die Wolken hingen schwer am Himmel, und der leise Regen prasselte gegen die Fenster. In einem der sauber eingerichteten Zimmer saß Herr Rauschke auf seinem Bett, den Blick ins Leere gerichtet. Über ihm hing das Diffuslicht der Deckenlampe das den Raum in ein blasses, melancholisches Licht tauchte. Es roch nach Desinfektionsmittel, vermischt mit dem Duft von alten Büchern, die in der Ecke standen. Ein vertrauter, tröstlicher Geruch, der jedoch seine Traurigkeit nur verstärkte.

Herr Rauschke war ein Bewohner dieses Heims seit nunmehr fünf Jahren. Fünf Jahre, in denen sich sein Leben grundlegend verändert hatte. Er war früher ein aktiver Mann gewesen, ein geschätzter Ingenieur, dessen Ideen in vielen Projekten verwirklicht wurden. Heute jedoch war vieles anders. Die Demenz hatte ihn ergriffen, schleichend, unbarmherzig. Tag für Tag bemerkte er, wie sein Gedächtnis mehr und mehr versagte, und mit jedem verlorenen Gedanken wuchs seine Verzweiflung.

„Ich will nicht hier sein", murmelte er leise, während er an einem seiner alten, vergilbten Aktenordner kratzte, den er immer noch liebevoll betrachtete. „Das ist nicht mein Platz." Diese Worte waren nicht neu für ihn. Immer wieder sprach er sie laut aus, als könnte es die Realität ändern. Er fühlte sich gefangen in einem Körper, der ihm nicht mehr gehorchte, in einem Raum, der ihm fremd geworden war. Die sozialen Interaktionen mit den anderen Bewohnern waren oft von Unverständnis geprägt. Manchmal wurde er böse, wenn er sich nicht mehr ausdrücken konnte, wenn die Worte ihm entflohen waren, wie Schatten, die im Nebel verschwinden.

An diesem speziellen Nachmittag war Herr Rauschke besonders nachdenklich. Tränen rannen über seine Wangen, und er wusste nicht genau, warum. Vielleicht lag es daran, dass er auf den Besuch seiner Tochter wartete. „Wo bleibt sie nur? Ich kann nicht mehr lange warten", dachte er, und das Gefühl der Einsamkeit schnürte ihm die Kehle zu. Eigentlich war sie oft da, aber es schien ihm, als ob die Zeit gegen ihn arbeitete. Er fühlte sich wie ein Schatten seines früheren Ichs, unfähig, den geliebten Menschen um sich herum die Liebe und Zuneigung zu zeigen, die er in seinem Herzen trug.

Er versuchte, sich an die gute alte Zeit zu erinnern, als er noch voller Energie war, seine Familie zusammen war und er relevante Entscheidungen traf. An diese Erinnerungen klammerte er sich fest, wie an einen letzten Strohhalm. Sein Geist wanderte zurück zu seinen frühen Berufsjahren, als er stolz ein großes Projekt leitete – den Bau einer Brücke, die zwei Stadtteile miteinander verbinden sollte. Mit leuchtenden Augen erzählte er oft die Geschichte, wie er das Team mit seiner Vision inspirierte und schließlich den ersten

Spatenstich setzte. „Die Leute sagen, dass ich verrückt sei, aber ich weiß, dass wir etwas Großartiges schaffen werden!", rief er leidenschaftlich und ließ die anderen Zuhörer oft erbleichen, selbst wenn sie nicht mehr präsent waren.

Doch je mehr er sprach, desto bewusster wurde ihm, dass die Realität ihn eingeholt hatte. Die Brücken, die er damals gebaut hatte, waren nun allesamt in seiner Erinnerung verankert. In der wirklichen Welt war die Zeit an ihm vorbeigezogen, und die Brücke zwischen ihm und seiner Tochter drohte zu zerfallen. Wenn er die alten Geschichten erzählte, war es oft mit einem bitteren Geschmack deines Bedauerns. Hatte er genug für sie getan? Hatte er sie geliebt, so wie sie es verdient hätte?

Plötzlich knackte die Tür, und ein Lichtstrahl fiel in den Raum. Es war die Pflegekraft, die ihm sein Mittagessen brachte. „Wie geht es Ihnen heute, Herr Rauschke?", fragte sie freundlich, ohne zu wissen, dass jede Frage Metaphern für seine innere Qual war. Anstatt zu antworten, drehte er sich weg und starrte wieder aus dem Fenster, wo der Regen unaufhörlich fiel.

Die Minuten vergingen, dann Stunden. Hoffnung lag schwer auf seiner Brust, als er sich daran erinnerte, dass seine Tochter ihn besucht hatte, um ihm zu versichern, dass sie an seiner Seite sein würde, wenn er sie am meisten brauchte. Doch jetzt war es still. Er fühlte sich wie ein Schiff in sturmgepeitschten Gewässern, ohne Richtung, ohne sicheren Hafen. Was, wenn sie nicht rechtzeitig käme? Der Gedanke jagte ihm Angst ein.

Der Abend brach herein, und das Zimmer wurde von sanftem Dämmerlicht erfüllt. Herr Rauschke schloss die Augen und wünschte sich sehnlichst, dass die Zeit stillstand, zumindest für einen Moment. Er wollte fühlen, dass er nicht allein war, dass er nicht vergessen wurde, während er in einem Zustand lebte, der weder hier noch dort war. Plötzlich hörte er Schritte im Flur. War es sie? Seine Tochter?

Die Tür öffnete sich langsam und ein vertrautes Gesicht trat ein. „Papa!", rief sie voller Freude, und trotz der Dramatik des Augenblicks erstrahlte ein Lächeln auf seinem Gesicht. Tränen liefen erneut über seine Wangen, aber diesmal waren sie nicht nur Zeichen der Traurigkeit. Es waren auch Tränen der Erleichterung und der Liebe. Endlich war er wieder sicher.

In den letzten Tagen seines Lebens erlebte Herr Rauschke das Wesentliche: Liebe, Verbindung, und die Gewissheit, dass es nie zu spät ist, sich zu versöhnen.

Herberts Weg ins Seniorenheim

Herbert war 94 Jahre alt, als sich sein Leben
schlagartig veränderte. Der Schlaganfall kam wie
ein Dieb in der Nacht und raubte ihm nicht nur die
Gesundheit, sondern auch die Unabhängigkeit, die
er so lange genossen hatte. Sein liebster Halt in
dieser schweren Zeit war Annegret, seine 89-
jährige Frau. Sie waren ein Paar, das über 70
Jahre gemeinsam durch Höhen und Tiefen
gegangen war, ohne Kinder, die ihre Liebe und ihr
Leben ergänzen konnten. Ihre Verbindung war
stark, und in den ersten Tagen nach dem
Schlaganfall hielt Annegret tapfer zu Herbert,
kümmerte sich um ihn und wischte sich immer
wieder Tränen aus den Augen.

Die ersten Wochen verbrachte Herbert im
Krankenhaus. Er lag in einem bequemen Bett,
umgeben von medizinischer Geräten, die ihm
halfen, sich zu stabilisieren. Annegret kam jeden
Tag zu Besuch, brachten eine frische Blume von
ihrem kleinen Garten mit, die sie zusammen in der
Vergangenheit so liebevoll gepflegt hatten. Diese
Blumen waren für Herbert nicht nur ein Zeichen
der Liebe, sondern auch ein Fenster in die Welt
außerhalb des sterilen Krankenhauses.

Die Ärzte waren optimistisch, aber Herbert wusste,
dass er Hilfe brauchen würde, um zurück ins
Leben zu finden. Nach einigen Wochen wurde
beschlossen, dass eine Rehabilitationsmaßnahme
notwendig sei. "Es wird eine Herausforderung",
sagte der Arzt, "aber wir sind hier, um Ihnen zu

helfen." Annegret hörte aufmerksam zu, während sie die Informationen verarbeitete. Es war nicht nur der körperliche Zustand von Herbert, der Sorgen bereitete, sondern auch die emotionale Belastung, die eine solche Veränderung mit sich brachte.

Nach seiner Entlassung aus dem Krankenhaus ging Herbert in eine Reha-Einrichtung. Diese Phase war geprägt von intensivem Training, Physiotherapie und vielen Gesprächen mit Therapeuten, die ihm helfen sollten, Schritt für Schritt wieder auf die Beine zu kommen. Herbert kämpfte, um Fortschritte zu machen – nicht nur für sich selbst, sondern auch für Annegret, die all ihre Energie darauf verwendete, ihn zu unterstützen.

Doch je weiter die Tage voranschritten, desto mehr wurde Herbert bewusst, dass er bald nicht mehr in der vertrauten Umgebung seines Zuhauses sein würde. Die Vorstellung, ins Seniorenheim zu ziehen, setzte sich langsam in seinem Kopf fest, doch das Herz weigerte sich, diesen Gedanken anzunehmen. Der Gedanke, von Annegret getrennt zu sein, erfüllte ihn mit Traurigkeit.

Schließlich war der Tag gekommen, an dem Herbert ins Seniorenheim umzog. Der Abschied von Annegret war voller Emotionen. "Ich bin immer bei dir, egal wo du bist", versicherte sie ihm mit brüchiger Stimme, während sie ihn in die Arme nahm. Die ersten Tage im Seniorenheim waren überwältigend. Herbert fühlte sich verloren in der neuen Umgebung, umgeben von Menschen, die ebenfalls mit ihrer eigenen Geschichte kämpften.

Die Wände waren hell, aber die Realität war düsterer.

Die Zimmer waren gemütlich eingerichtet, aber es war nicht sein eigenes Zuhause. Er vermisste die Geräusche, die Gerüche und vor allem Annegret. Ihr Lachen, das den Raum füllte, wenn sie zusammen am Frühstückstisch saßen oder im Garten arbeiteten, war nun Teil einer Erinnerung, die schmerzlich fehlen sollte. Der Anfang war schwer, und Herbert hatte viele Tage, an denen er nur dasitzen und aus dem Fenster schauen wollte.

Annegret ließ sich nicht entmutigen. Jeden Tag kam sie, um ihn zu besuchen, brachte kleine Überraschungen mit – Lieblingssüßigkeiten, ein neues Buch oder einen frisch gebacken Kuchen. Sie setzte sich zu ihm, redete über die Dinge, die sie im Garten gemacht hatte, und erzählte von den Nachbarn, die immer fragten, wie es ihm ginge. Ihr unerschütterlicher Glaube an seine Kraft gab Herbert Mut, sich der neuen Realität zu stellen.

Im Laufe der Monate gewöhnte sich Herbert langsam an das Leben im Seniorenheim. Die Angebote, an Aktivitäten teilzunehmen, waren verlockend. So begann er, an den Spielen und Ausflügen teilzunehmen, die das Personal anbot. Manchmal setzte er sich mit anderen Bewohnern zusammen, tauschte Geschichten über vergangene Zeiten aus und fand Trost in der Gemeinschaft.

Im Herbst, mehrere Monate nach seinem Umzug, hatte sich Herbert soweit eingelebt, dass er erste Schritte in ein neues Leben wagen konnte. Der Schmerz des Verlustes der gewohnten Umgebung war immer noch da, aber er verspürte auch eine neue Art von Stärke. Dank der Unterstützung von Annegret, den Mitarbeitern des Seniorenheims und den neuen Freunden, die er gefunden hatte, begann er, das Leben wieder zu schätzen.

Die blühenden Pflanzen in Annegrets Garten waren eine ständige Erinnerung an das, was einmal war, aber Herbert wusste, dass auch an diesem neuen Ort die Möglichkeit bestand, Freude zu finden. Annegret besuchte ihn weiterhin täglich und sah, wie ihr Mann blühte. Gemeinsam schufen sie eine neue Form ihrer Beziehung, die mit Liebe, Geduld und Hoffnung gefüllt war.

So wurde Herbert nicht nur ein Bewohner des Seniorenheims, sondern ein Teil einer Gemeinschaft, die ihn unterstützte und ihm half, einen neuen Lebensabschnitt zu erleben – Hand in Hand mit Annegret.

Vom erfüllten Leben zur stillen Schlussfolgerung

Nach langem Leben allein zieht der 97-jährige Wilhelm, ein ehemaliger Malermeister, in das Seniorenheim. Der Alltag zu Hause wird für ihn immer anstrengender, und die Einsamkeit wird zu einem drückenden Begleiter. Trotz dieser Veränderungen bleibt Wilhelm stets gut gelaunt und findet schnell seinen Platz in der neuen Umgebung.

Die freundlichen Betreuungskräfte sowie die anderen Bewohner heißen ihn herzlich willkommen. Besonders die abwechslungsreichen Aktivitäten, die eine junge Frau organisiert, erwecken seine Begeisterung. Ob beim Malen, Singen oder gemeinsamen Spielen – es ist eine Freude zu beobachten, wie Wilhelm aktiv am Gemeinschaftsleben teilnimmt und sein Enthusiasmus oft mit einem Lächeln belohnt wird.

Mit dem Erreichen seines 100. Geburtstags jedoch beginnt Wilhelm, stark abzubauen. Die körperlichen Einschränkungen nehmen zu; er ist auf einen Rollstuhl angewiesen und kann nicht mehr selbstständig laufen. Der Lebenswille, der ihn so lange begleitet hat, scheint in dieser Phase zu schwinden. In einem Moment tiefer Verzweiflung versucht er, sich mit einem Messer zu verletzen. Dieser Vorfall ist ein Weckruf für die Betreuungskräfte, die sich intensiver um ihn kümmern und nach Wegen suchen, ihn in dieser schweren Zeit der Traurigkeit und des Rückzugs zu unterstützen.

Wilhelms Zustand verschlechtert sich zunehmend. Um den Schmerz zu lindern, beginnt er Medikamente zu schlucken, in der Hoffnung, sein Leben zu beenden. Die Entscheidung, ins Krankenhaus gebracht zu werden, markiert für ihn den letzten Ausweg. Im Krankenhaus trifft er eine bewusste Entscheidung: Er möchte nichts mehr essen. Diese stille Protesthaltung drückt sein Empfinden aus – das, was er als unerträgliches Leiden wahrnimmt, möchte er nicht länger ertragen.

In den letzten Tagen seines Lebens umgibt ihn eine friedliche Atmosphäre. Die Pflegekräfte, die ihn in den letzten Jahren begleitet haben, sind an seiner Seite. Sie strahlen Wärme und Mitgefühl aus, die Wilhelm in seinen letzten Momenten Trost spenden. Schließlich stirbt er, ruhig und geborgen, umgeben von den Erinnerungen an ein erfülltes Leben, das von Farben und Kreativität geprägt war.

Der unvergessliche Franz

Im Herzen unseres charmanten Seniorenheims lebt Franz, ein 89-jähriger Mann, dessen Leben von Erinnerungen und dem Streben nach Freude geprägt ist. Trotz seiner Demenz hat Franz eine besondere Beziehung zu seinem kleinen Teddy, der sein bester Freund ist und ihm beständig Trost schenkt.

Franz ist ein typischer Bewohner eines Seniorenheims, wo er den Alltag mit seinen Mitbewohnern teilt. Die Tage sind oft ruhig und gefüllt mit verschiedenen Aktivitäten, die darauf abzielen, das Wohlbefinden der Senioren zu fördern. Trotz seiner geistigen Einschränkungen gerät Franz nicht in Frust. Er freut sich über kleine Dinge, die sein Leben bereichern.

Die Demenz hat Franz' Leben jedoch stark beeinflusst. Er vergisst viele Dinge ziemlich schnell, sowohl Geschehnisse aus seinem früheren Leben als auch alltägliche Aufgaben. Doch in einem bestimmten Bereich bleibt er bemerkenswert kompetent: Das Lesen und Rechnen gelingt ihm nach wie vor gut, was ihn manchmal selbst überrascht. Diese kognitiven Fähigkeiten werden von den Mitarbeitern des Seniorenheims geschätzt, und sie ermutigen ihn, diese Talente weiterhin zu nutzen.

Eine der größten Freuden, die Franz aus seinem Alltag schöpft, ist das Singen im Chor unter der Leitung der Musiktherapeutin. Diese Stunden sind für ihn ein Highlight, in denen er sich mit anderen Bewohnern verbindet und seine Liebe zur Musik ausleben kann. Musik hat eine heilende Wirkung und bringt Erinnerungen zurück, die trotz seiner Demenz bestehen bleiben. Gemeinsam mit seinen Freunden im Seniorenheim singt er Lieder, die eine tiefere Bedeutung für ihn haben.

Neben der Geselligkeit nimmt sich Franz auch viel Zeit zum Schlafen. Die Ruhe ist für ihn wichtig, um seine Energie aufzuladen und die Freuden des Lebens zu genießen. Das Seniorenheim bietet einen Raum, in dem Franz sich sicher und geborgen fühlt. Dies ist besonders wichtig für jemanden, der in seinen Erinnerungen manchmal verloren geht.

Ein erfülltes Leben trotz Veränderungen Franz' Geschichte zeigt, dass auch im Alter und trotz gesundheitlicher Herausforderungen ein erfülltes Leben möglich ist. Seine Beziehung zu seinem Teddybär, der Trost spendet.

Tanzen auf der Schwelle der Erinnerungen

Es war ein sonniger Nachmittag, als Frau Maier in ihrem kleinen Zimmer im Seniorenheim an der Fensterbank stand und auf die blühenden Sträucher im Garten blickte. Ihr Blick schweifte über die Blumen, die sich sanft im Wind wiegten, und für einen Moment fühlte sie sich wieder wie die junge Frau, die sie einst gewesen war. Über neun Jahrzehnte waren vergangen – Jahrzehnte voller Erfahrungen, Freuden und Herausforderungen. Und dennoch war eines unverändert geblieben: ihre Liebe zum Tanzen.

Im Seniorenheim war Frau Maier eine bekannte Persönlichkeit, auch wenn sie nicht viel sprach. Ihre freundliche Art und ihr herzliches Lächeln zogen die anderen Bewohner an. Wenn die Abende mit Musik gefüllt waren und die Tanzfläche sich füllte, blühte sie auf. Ihre Füße schienen die Melodien förmlich zu leben, und jeder Schritt erzählte Geschichten von verlorenen Liebenden und Sommerabenden in Berlin.

Trotz der warmen Gemeinschaft um sie herum vermisste sie oft ihre alte Wohnung in Berlin. Die vertrauten Geräusche der Stadt, das Geschrei der Kinder im Hof und der Duft von frischen Brezeln vom nahegelegenen Bäcker schienen in ihren Gedanken zu singen. Eines Nachmittags, als die Erinnerungen besonders stark wurden, fasste Frau Maier den Entschluss, etwas zu unternehmen. Sie fühlte sich angezogen von der Idee, einfach zum Bahnhof zu gehen, ohne Ziel, aber voller Nostalgie.

Die Reise zurück nach Berlin war für sie wie ein Sprung in die Vergangenheit. Als die Bahn in den Bahnhof einfuhr, überwältigte sie die Welle der Erinnerungen. Die Straße, die sie einst täglich entlangging, erschien vor ihrem inneren Auge, die Farben leuchtender, die Gerüche intensiver. Es war als würde die Luft selbst flüstern, „Willkommen zurück, Frau Maier".

Sie schlenderte durch die Straßen, jede Ecke war voller Geschichten. Doch während sie die vertrauten Wege beschritt, entdeckte sie auch, dass die Zeit in ihrer Abwesenheit nicht stillgestanden hatte. Das alte Café, in dem sie als junge Frau oft mit Freunden saß, war nun ein modernes Bistro, das tendenziell junge Menschen anzog. Der Park in der Nähe, wo sie sonntags tanzte, wurde von neuen Bewohnern und ihren Hunden belebt.

Nach einer Weile spürte Frau Maier eine Hand auf ihrer Schulter. Es war ihre ehemalige Nachbarin, Frau Schmidt, die sie seit ihrem Umzug ins Seniorenheim nicht mehr gesehen hatte. „Frau Maier! Ich habe dich gesucht!", rief sie freudig aus, und ein Lächeln breitete sich auf Frau Maiers Gesicht aus. Die beiden Damen umarmten sich, und die Verbundenheit, die sie teilten, war sofort spürbar.

„Hast du Lust, mit mir einen Kaffee zu trinken?",
fragte Frau Schmidt. Gemeinsam setzten sie sich
an einen Tisch im Freien, bestellten zwei Stücke
Kuchen und plauderten über die alten Zeiten. Es
war ein wunderbares Gefühl, wieder in dieser
vertrauten Umgebung zu sein, und doch spürte
Frau Maier, dass etwas fehlte. Sie erinnerte sich
an die Gemeinschaft im Seniorenheim, an die
anderen Tänzer, an die Abende voller Lachen und
Freude.

Nach einem langen Gespräch entschied sich Frau
Maier, mit Frau Schmidt zurückzukehren. Auf dem
Weg zurück zum Bahnhof verwickelten sie sich in
Geschichten über Vergangenes, und je näher sie
dem Seniorenheim kamen, desto mehr erkannte
Frau Maier, dass es Zeit war, ihre Erinnerungen
mit etwas Neuem zu kombinieren.

Als sie in das Seniorenheim eintraten, war die
Atmosphäre bereits warm und einladend. Die
Musik drang aus dem Gemeinschaftsraum, und die
anderen Bewohner warteten gespannt auf Frau
Maier. Ihre Rückkehr war ein Grund zur Freude,
und als sie den Raum betrat, wusste sie, dass sie
nicht nur mit Erinnerungen, sondern auch mit
neuen Freundschaften gefüllt war.

Die nächsten Wochen waren erfüllt von Tanz,
Lachen und neuer Lebensfreude. Frau Maier und

Frau Schmidt nahmen regelmäßig an den Tanzabenden teil. Die Erinnerungen an Berlin waren wertvoll, doch die Gegenwart, die sie jetzt erlebte, war es ebenso. Frau Maier verstand endlich, dass das Leben im Seniorenheim nicht das Ende, sondern ein neuer Anfang war.

Und so tanzte sie weiter, mit einem Herzen voller Erinnerungen und einer Seele, die bereit war, die Zukunft zu umarmen. Im Schein der Abendlichter tanzen die Frauen zusammen mit den anderen Bewohnern, und Frau Maier wusste, dass sie in beiden Welten lebte – der Vergangenheit und der Gegenwart.

Ihr neues Zuhause wurde nicht nur ein Ort der Annäherung an die Jugend, sondern auch ein Platz, an dem sie weiterhin die Freude des Lebens in vollen Zügen genießen konnte.

Ein Glas Sekt und die Melodie der Erinnerungen

In einem hellen Zimmer des Seniorenheims, das mit bunten Blumen und großformatigen Bildern von früher geschmückt war, saß Johanna an ihrem Fenster. Sie war 92 Jahre alt und hatte ein Leben voller Geschichten, doch in diesem Moment schien sie in einer anderen Welt gefangen zu sein. Ihre grauen Haare waren sorgsam frisiert, und ihr Blick war oft nachdenklich. Johanna war nicht mehr die flinke Sekretärin, die sie einst gewesen war.

Der Rollstuhl, in dem sie nun saß, schien ihre Beweglichkeit eingeschränkt zu haben, aber in ihrer Seele tanzten die Erinnerungen wie ein wilder Wind. Johanna hatte als junge Frau im Büro eines großen Unternehmens gearbeitet, wo sie die Kunst des Stenografierens perfektioniert hatte. Die rasche Schreibweise war für sie mehr als nur ein Handwerk; es war eine Art, die Welt um sich herum festzuhalten. Sie konnte den Klang der Tasten auf der Schreibmaschine noch immer hören, das Klappern der Buchstaben, während sie die Worte ihrer Chefs niederschrieb.

Aber diese Erinnerungen kamen nicht ohne den Schatten ihres Lebens. Ihr Herz war einst voll Freude und Liebe gewesen, bis der Krieg alles zerstörte. Der Mann, den sie liebte – ihr Eheversprechen war ein leiser Flüsterton in der Dunkelheit des Krieges – war nie zurückgekehrt. Die Briefe, die sie ihm geschrieben hatte, waren nie beantwortet worden. Stattdessen blieb nur die

Stille und die Frage nach dem „Was wäre gewesen". Mit gebrochenem Herzen hatte Johanna beschlossen, nie wieder zu heiraten. Die Traurigkeit, die sie umhüllte, war ein schwerer Mantel, den sie viele Jahre getragen hatte.

Doch in der Einsamkeit des Heims, zwischen den Erinnerungen an die Vergangenheit, fand Johanna Trost in den kleinen Dingen. Am Nachmittag, wenn die Sonne in ihr Zimmer schien, bereitete sie sich ihren Lieblingssekt in einem schimmernden Glas zu. Diese prickelnde Kleinigkeit war ein Stück Freiheit, ein geschätzter Moment in ihrem Alltag. Sie schloss die Augen, atmete tief ein und stellte sich vor, dass der Geschmack des Sekts sie an die eleganten Abende erinnerte, die sie früher selbst organisiert hatte. Es war eine Zeit, in der Musik die Luft erfüllte, und ihre Füße den Takt auf dem Parkettboden hielten.

Musik war stets ein Teil von Johannas Leben gewesen, und obwohl sie nun im Rollstuhl saß, klang die Melodie ihrer Erinnerungen laut in ihrem Herzen. Wenn die Mitarbeiter des Heims abends ein kleines Konzert organisierten, ließ sie sich oft von der Musik mitreißen. Es war, als würde jeder Ton eine verborgene Narbe berühren und sie daran erinnern, dass das Leben weitergeht, trotz all der Verluste.

Eines Tages, während sie bei einem Rätselbuch saß und versuchte, die Worte zu entschlüsseln, trat ein neuer Bewohner ins Zimmer. Er war ein älterer Herr mit einem sanften Lächeln und den gleichen grauen Augen, die sie mit der Stille ihrer Erinnerungen schon so oft gesehen hatte. Sein Name war Karl, und er hatte kürzlich seine Frau verloren. In seinen Augen lag eine Tiefe von Schmerz, die Johanna sofort erkannte. Es war eine Wesenheit, die sie beide verband – eine stille Erkenntnis des Verlustes. „Was lesen Sie da?" fragte Karl, während er näher kam. „Ein Rätselbuch", antwortete Johanna. „Es hilft mir, die Gedanken zu fangen und die Einsamkeit zu vertreiben."

Karl setzte sich neben sie, und während sie gemeinsam die Rätsel lösten, begann eine leise Freundschaft zu blühen. Sie teilten Geschichten von früher, von glücklichen Momenten und bittern Erinnerungen, und in diesen Gesprächen fanden sie etwas Unerwartetes. Verständnis. Geborgenheit. Und vielleicht sogar einen Hauch von Hoffnung. Die Nachmittage wurden von gemeinsamen Gesprächen und gelegentlichen Gläsern Sekt begleitet. Johanna ermutigte Karl, die Musik zu spielen, die er einst geliebt hatte. Er stimmte ein von Nostalgie durchdrungenes Lied an, während Johanna mit den Lippen den Takt angab und Erinnerungen an Tanzabende heraufbeschwor, die sie für immer in ihrem Herzen trug. Mit jedem Treffen wurde die Kluft der Einsamkeit zwischen ihnen kleiner.

Johanna bemerkte, dass sie wieder lachen konnte – ein sanftes, fröhliches Lachen, das die Schatten ihrer Vergangenheit vertreiben konnte.

Karl war nicht dazu da, die Wunden zu heilen, sondern vielmehr, um eine neue Geschichte zu schreiben – eine, die nicht von Verlust, sondern von Gemeinschaft geprägt war. Der Tagesablauf im Seniorenheim wurde bunter.

An einem besonders schönen Nachmittag beschlossen sie, ein kleines Fest zu organisieren.

Sie luden alle Bewohner ein, stolzierten mit festlichen Getränken und ließen die Musik durch die Gänge des Heims strömen. Johanna fühlte sich lebendig, die Melodien drangen in ihre Seele ein, und sie fand den Mut, sich einmal mehr zum Tanzen zu erheben – am Rollator, der sie stützte. Die Feier wurde zu einem unvergesslichen Ereignis. Die Menschen lachten, sangen und erinnerten sich an die Schönheit des Lebens.

Für Johanna war es ein Moment der Erneuerung. Sie wusste, dass der Krieg und der Verlust sie geprägt hatten, aber nun fühlte sie in Karl einen neuen Funken von Hoffnung und Zuneigung. Als der Abend zu Ende ging, hoben Johanna und Karl ihre Gläser. „Auf die Erinnerungen", sagte Johanna, „und auf das, was noch kommt."

In diesem Augenblick erkannte Johanna, dass es nie zu spät war, sich wieder auf das Leben einzulassen. Umarmt von Musik, Lachen und einem neuen Freund, fühlte sie zum ersten Mal seit vielen Jahren die Gewissheit, dass das Leben, selbst mit all seinen Herausforderungen, immer noch ein Geschenk war. Und so saßen sie,

Johanna und Karl, unter dem zarten Licht der Dämmerung, bereit, die nächsten Kapitel ihrer Geschichte zu schreiben – gemeinsam.

Die Melodie der Erinnerungen

Die Sonne strahlte durch das Fenster des Seniorenheims, wo es immer nach frischem Kaffee und den Blumendüften aus dem Garten roch. In einem der kleinen Zimmer lag Elfi, 84 Jahre alt, eingekuschelt in ihrem blauen Bett, umgeben von Kissen, die ihre alten Knochen stützten. Ihre Augen waren zwar trüb, doch bei Sonnenlicht schimmerten sie wie das Wasser eines ruhigen Sees. Elfi war eine bemerkenswerte Frau, zumindest war sie das einmal – früher arbeitete sie Tag für Tag unermüdlich in einer Fabrik, bevor sie vor zwei Jahren nicht mehr laufen konnte. Das Lächeln auf ihrem Gesicht verriet manchmal noch die Freude, die der Rhythmus des Lebens gebracht hatte.

Musik war ihr ewiger Begleiter, und auch wenn sie sehr dement war und oft in ihrer eigenen Welt lebte, gab es Momente, in denen die Melodien der Vergangenheit wie ein sanfter Wind durch die enge Kammer wehten. Doch heute war dieser besondere Moment da, was auch die Pflegerin Ilona spürte, als sie das Zimmer betrat. „Guten Morgen, Elfi. Zeit für deinen Tee", sagte sie mit einem warmen Lächeln.

Elfi antwortete nicht direkt, aber ihre Augen suchten den Blick von Ilona, als wollte sie sagen, dass sie bereit war, sich an etwas zu erinnern. „Erinnerst du dich an die Tanzabende im Gemeinschaftsraum?" fragte Ilona sanft und setzte sich auf die Bettkante. „Du hast immer so gerne getanzt." Mit einem kurzen Moment der Klarheit sah Elfi auf. „Tanzen? Ja, ich habe getanzt. Es war... schön", flüsterte sie und ließ den Kopf leicht zur Seite sinken. Ein sanftes Lächeln erschien auf ihrem Gesicht, als sie in Gedanken in die glanzvollen Tage ihrer Jugend zurückkehrte. Ilona begann leise, die Musik zu spielen, die Elfi einst geliebt hatte, die Melodien, die Erinnerungen weckten. Sofort schien das Zimmer heller zu werden.

Elfi legte ihren Kopf zurück und schloss die Augen, während die Töne durch die Luft schwebten. Für einen kleinen Moment kehrte sie zurück in die Welt, in der sie einmal lebte – eine Welt voller Tanz, Geselligkeit und Farben. In Gedanken sah Elfi sich selbst, wie sie über den Parkettboden glitt, ein rotes Kleid tragend, mit einem Strahlen im Gesicht. Der Duft von frischem Blumenstrauß schwebte um sie, und die Stimmen der anderen Bewohner klangen wie die schönsten Harmonien. Sie erlebte die Leichtigkeit des Seins, das Lachen und die Umarmungen. Doch dann, wie ein Stromausfall in der Nacht, wurde die Erinnerung plötzlich unterbrochen und Elfi fiel wieder zurück in die Gegenwart.

Verwundert sah sie Ilona an, als sie die tanzenden Geister ihrer Vergangenheit entglitten. „Wo ist mein Kleid?" murmelte sie mit einer kindlich-naiven Neugier. Ilona lächelte sanft und streichelte Elfis Hand. „Es ist sicher irgendwo hier, Elfi. Vielleicht finden wir es zusammen." Die Pflegerin wusste, dass diese kleinen Ausflüge in die Vergangenheit wichtig waren, also nahm sie sich vor, Elfi in die Welt ihrer früheren Hobbys und Leidenschaften zu ziehen. Gemeinsam begannen sie, die Räume des Heims aufzusuchen, in denen die Musik häufiger gespielt wurde.

An einem Nachmittag, als die Sonne warm schien und die Vögel draußen sangen, zog Ilona Elfi ins Foyer. Dort trafen sie auf andere Bewohner, die in Stühlen saßen, einige hatten den Kopf geschüttelt, andere lachten ohne Grund. Doch Ilona sah, dass sie alle für einen Moment miteinander verbunden waren, als die Musik wieder erklang. Sie forderte sie auf, die Arme zu heben, die Beine zu bewegen, auch wenn es nur minimal war. „Komm schon, Elfi, lass uns tanzen!" Eine kleine Gruppe begriff und bald schaukelten sie in ihren Stühlen, nickten im Takt, klatschten in die Hände.

Elfi saß dabei und beobachtete, jedoch nie wirklich ganz anwesend. Bis sie der Rhythmus plötzlich mit sich riss und sie ihre Hände hob, als ob sie eine geheimnisvolle Kraft spürte, die sie zum Tanzen aufforderte. Die Sekunden wurden zu Minuten, und jeder hier war in einen träumerischen Zustand versetzt, in dem die Realität wie verschwommen wirkte. Elfi, die im Limbo zwischen Vergangenem und Gegenwärtigem schwebte, fand ihren Platz in der Runde. Für einige flüchtige Momente erinnerte sie sich an die Bewegungen, die den Stress und die Sorgen des Lebens vergessen ließen. Sie genoss es leidenschaftlich, bei jedem Rhythmus in eine andere Zeit eintauchen zu können. Doch als die Musik verklang, fiel die Verbindung wieder ab. Elfi schaute um sich und merkte, dass die anderen bereits in eine andere Welt gedriftet waren. Sie fühlte sich verloren, doch durch Ilonas verständnisvollen Ausdruck fand sie Trost. „Es macht nichts, Elfi.

Deine Erinnerungen sind wunderschön und sollten gefeiert werden. Lass uns sie weiter erforschen", sagte Ilona sanft, während s e Elfi behutsam zurück ins Zimmer brachte. Zurück in ihrer eigenen kleinen Welt, lag Elfi nun mit einem sanften Lächeln im Bett. Materialien und Geschenke des Lebens ruhten um sie herum; alte Tänze gelebte Geschichten. Und während der Abend kam, flüsterte Elfi mit dem letzten Funken Bewusstheit: „Ich werde immer tanzen, so ange die Musik lebt." So ließen sie die Melodie ihre Geschichte erzählen, durch jede Note urd jedes Stille, und die Dunkelheit der Einsamkeit schwand in Licht und Hoffnung für einen neuen Morgen.

Ein neues Zuhause

Erna und Max waren seit über fünfzig Jahren verheiratet, und trotz der Herausforderungen, die das Alter mit sich brachte, hatten sie immer einen Weg gefunden, miteinander zu lachen und das Leben zu genießen. Als sie in das Seniorenheim zogen, war es für beide ein großer Schritt. Doch während Erna, fit und voller Energie, sofort in all die Aktivitäten eintauchte, fühlte sich Max oft wie ein Zuschauer seines eigenen Lebens.

Das Seniorenheim war hell und freundlich, mit einem schönen Garten, der zum Verweilen einlud. Die Bewohner schienen freundlich und aufgeschlossen, und die ersten Tage verliefen für Erna, die gerne mit anderen plauderte, wie ein schöner Traum. Sie trat der Haushaltsgruppe bei, in der die Bewohner miteinander kochten und die Annehmlichkeiten des Alltags teilten. Erna liebte es, neue Rezepte auszuprobieren und ihre Nachbarn mit frischen Keksen zu erfreuen.

Max hingegen hatte es schwerer. Der Verlust seines Gehörs und die abnehmende Sehkraft machten es ihm nicht leicht, sich in der neuen Umgebung zurechtzufinden. Oft saß er alleine an einem Tisch und beobachtete die fröhlichen Gespräche um ihn herum, ohne ein Wort zu verstehen. Umso mehr genoss er die Treffen beim Männerstammtisch, wo er mit anderen Herren über seine Passion als Imker plaudern konnte.

„Wusstet ihr, dass die Bienen das Herzstück unserer Natur sind?", erzählte Max mit leuchtenden Augen, während die anderen ihm gebannt zuhörten. „Ich erinnere mich an die vielen Sommer, in denen ich in meinem Garten stand und das Summen der Bienen hörte." Tatsächlich hatte er immer mehr Freude daran gefunden, seine Geschichten über die Bienen und die Geheimnisse der Honigernte zu teilen. Während er sprach, blühte er förmlich auf, und seine Leidenschaft wirkte ansteckend auf die anderen.

Eines Tages, während Erna in der Küche mit ihren Freunden backte, beschloss sie, Max eine Überraschung zu bereiten. „Ich habe eine Idee! Lass uns all deine Geschichten in ein kleines Buch fassen, damit wir sie nie vergessen!" sagte sie zu ihm, als sie am Abend zusammen im Zimmer saßen. Max, überrascht und gerührt, nickte zustimmend. Gemeinsam begannen sie, seine Erinnerungen aufzuschreiben. Es war eine wunderbare Reise in die Vergangenheit, die ihnen half, sich näher zu kommen.

Die Abende vergingen, und mit jedem Kapitel, das sie schrieben, kam Max aus seiner Reserve heraus. Erna stellte fest, wie sehr er noch lebendig war, trotz seiner physischen Einschränkungen. Und auch wenn er manchmal die Worte nicht hören konnte, die um ihn herum gesprochen wurden, spürte er die Liebe und Unterstützung, die sie alle einander gaben.

Mit der Zeit wurde es für die beiden klar, dass das Seniorenheim nicht nur ein Ort war, an dem sie lebten, sondern ein Neuanfang, an dem sie neue Freundschaften schließen und gemeinsam – wenn auch auf ihre eigene Weise – aktiv sein konnten.

Erna nahm an einem Kochwettbewerb teil und gewann mit einem Rezept, das sie von ihrer Mutter gelernt hatte. Als sie die Auszeichnung erhielt, sah sie in die Gesichter ihrer neuen Freunde und sah den Stolz und die Freude darin. Max, stolz auf seine Frau, erzählte allen am Stammtisch von ihrem Erfolg, und sie feierten ihn mit einem kleinen Fest im Gemeinschaftsraum.

Das Lachen und die Geschichten flogen durch die Luft und mischten sich mit dem Duft von frisch gebackenem Kuchen. Max sah Erna in der Menge, wie sie sich freute und die Bewunderung der anderen genoss. In diesem Moment erkannte er, dass sie trotz ihrer Herausforderungen weiterhin eine Familie waren, und dass das Hier und Jetzt ebenso wichtig war wie all die Erinnerungen, die hinter ihnen lagen.

Im Laufe der Monate entwickelte sich eine schöne Dynamik zwischen den Bewohnern. Erna und Max lernten, dass jeder von ihnen eine Geschichte zu erzählen hatte, und jeder Tag im Seniorenheim brachte ein neues Abenteuer. Ob es die gemeinsame Gartenarbeit oder die abendlichen Spieleabende waren – das Seniorenheim wurde zu einem Ort des Wachstums und der Freude.

Am Ende eines weiteren Tages, als die Sonne im Garten unterging und der Himmel in goldene Farben getaucht war, hielten Erna und Max Hand in Hand auf einer Bank im Garten inne. „Weißt du, Max", begann Erna sanft, „ich bin so froh, dass wir hier sind. Wir dürfen nicht nur einfach älter werden, sondern auch noch so viele schöne Dinge erleben." Max lächelte, seine Augen glänzten vor Zuneigung. „Ja, Erna. Egal, was kommt, solange wir zusammen sind, ist jeder Tag ein Geschenk."

So lebten Erna und Max weiter in ihrem neuen Zuhause, erfüllt von Freundschaft, Liebe und unvergesslichen Momenten, die sie in dieser neuen Lebensphase entdeckten.

Lottis Lächeln und Mechthilds Licht

Es war ein grau-blauer Morgen im Seniorenheim , als Charlotte, liebevoll von allen Lotti genannt, aufwachte. Ihr Herz war leicht und ihre Augen schimmerten noch immer mit der Wärme vergangener Tage. Mit 99 Jahren wusste sie, dass jeder neue Tag ein Geschenk war. Obgleich das Altwerden mit seinen physischen Einschränkungen kam — sie saß im Pflegerollstuhl und konnte nicht mehr so gut laufen — hatte sie nie ein böses Wort für die Welt übrig. Stattdessen erstrahlte ihr Gesicht stets im Licht eines Lächelns.

Lotti liebte es zu singen. Ihre Stimme klang wie eine sanfte Melodie, die von der Nostalgie ihrer Jugend durchzogen war. An diesem Morgen hatte sie sich vorgenommen, beim wöchentlichen Singkreis teilzunehmen. Der Raum war erfüllt von fröhlichen Stimmen und der Duft frisch gebrühten Kaffees. Lotti rollte mit ihrem Stuhl hinein, und sofort verflog die trübe Stimmung. „Guten Morgen, meine Lieben!", rief sie fröhlich, während sie die Hände hob, um die anderen Bewohner zu begrüßen.

Doch in letzter Zeit war jemand Besonderes in ihr Leben getreten: Mechthild. Die neu eingezogene Bewohnerin war blind und wirkte anfangs etwas schüchtern. Doch schnell hatte sich Lotti in ihr Herz geschlichen. Mechthild kümmerte sich um sie, als wäre sie ihre eigene Tochter. Sie half, wo sie konnte, und spendete Lotti einen Trost, den sie lange vermisst hatte. Für Lotti war Mechthild wie ein strahlendes Licht, das ihre dunkleren Tage erhellte.

„Lotti, hast du schon über unser kleines Projekt nachgedacht?", fragte Mechthild eines Tages, während sie zusammen im Aufenthaltsraum saßen. „Ich möchte versuchen, ein Buch über deine Erlebnisse zu schreiben. Über deine Zeit im Krieg, als Schaffnerin in Berlin. Es wäre wirklich toll!"

Lotti lächelte und nickte. „Oh, die Zeiten waren hart, aber auch voller wundervoller Erinnerungen." Sie begann, Geschichten zu erzählen, die von Mut und Freundschaft handelten. Mechthild hörte aufmerksam zu und stellte Fragen, die Lotti dazu brachten, noch tiefer in ihren Erinnerungen zu graben.

Die Tage vergingen, und während die beiden Frauen miteinander arbeiteten, entstand eine besondere Verbindung. Lotti fühlte sich lebendig, während Mechthild allmählich die Freude am Geschichtenerzählen entdeckte. Sie entblätterte die Seiten der Vergangenheit, und jede neue Enthüllung brachte sie näher zusammen.

Eines Nachmittags, während die Sonne warm auf die gesellige Runde im Garten strahlte, kam ein unerwarteter Besucher vorbei. Es war ein ehemaliger Kollege von Lotti, Friedrich, der sie vor vielen Jahren kennengelernt hatte. Er hatte von der neuen Bewohnerin gehört und war neugierig darauf, wie es Lotti ging.

„Lotti! Wie schön, dich zu sehen!", rief Friedrich erfreut und umarmte sie herzlich. „Es ist so lange her!"

Der Gedanke, alte Bekannte wiederzusehen, erfüllte Lotti mit Freude. Sie sang ihm ein altes Lied aus ihrer Jugend, und Friedrich stimmte ein. Gemeinsam sangen sie, und die anderen Bewohner kamen dazu. Die Melodien flogen über den Garten, und alle fühlten sich verbunden durch die kraftvolle Erinnerung an die Vergangenheit.

Nach dem Lied wandte sich Friedrich an Mechthild. „Du bist eine wunderbare Freundin für Lotti", sagte er mit einem warmen Lächeln. „Es ist selten, jemanden zu finden, der so viel Licht in das Leben anderer bringt."

Mechthild errötete und erwiderte: „Sie gibt mir ebenso viel zurück. Ihre Geschichten sind wie ein Schatz, den ich gerne bewahre."

In den folgenden Wochen vertieften sich die Gespräche und das Geschichtenerzählen zwischen Lotti und Mechthild. Sie beschlossen, ein gemeinsames Buch zu schreiben, das nicht nur die Geschichten von Lotti dokumentierte, sondern auch Mechthilds Perspektive als blinde Bewohnerin des Altenheims. So wurde das Werk ein Symbol ihrer Freundschaft.

Der Tag der Fertigstellung näherte sich, und die Vorfreude war greifbar. Alle Bewohner und Angestellten des Heims waren eingeladen, um die Veröffentlichung mit einer kleinen Feier zu zelebrieren. Lotti saß im Zentrum des Raumes, umgeben von ihren Freunden, während Mechthild neben ihr stand, ihre Hand festhaltend.

„Dieses Buch ist nicht nur für mich, sondern für jeden von uns hier", begann Lotti mit einer Stimme, die vor Emotionen wankte. „Es mag vielleicht aus meinen Erinnerungen entstanden sein, aber die Liebe und Unterstützung, die ich durch euch alle erfahren habe, sind unbezahlbar. Ich bin dankbar, dass ich die Chance habe, hier zu sein."

Das Publikum applaudierte, und Tränen der Rührung flossen. In diesem Moment spürten alle, dass sie Teil von etwas Größerem waren: einer Gemeinschaft, die sich gegenseitig unterstützte.

Die Feier war ein voller Erfolg. Lotti sang viele ihrer Lieblingslieder, und Mechthild begleitete sie mit sanften Worten, die sie ermutigten. Als die Nacht einbrach, waren es nicht nur die Geschichten, die bleibende Erinnerungen hinterließen, sondern auch die unzertrennliche Bindung zwischen zwei so unterschiedlichen Frauen – eine, die die Sicht auf die Welt verloren hatte, und die andere, deren Seele niemals verblassen würde.

Am Ende des Abends, als die letzten Gäste gegangen waren, drehte sich Lotti zu Mechthild und sagte mit einem Lächeln: „Weißt du, meine Liebe, manchmal bringt das Leben die erstaunlichsten Menschen in dein Leben, selbst wenn du nicht mehr sehen kannst, wohin du gehst."

Mechthild lächelte zurück, und in diesem Augenblick wussten sie beide: Ihre Freundschaft würde ewig halten, so wie die Geschichten, die sie teilten. Sie hatten sich gefunden, nicht nur als Freundinnen, sondern als Familie.

Und damit sangen sie leise in die Nacht hinein, während die Erinnerungen in ihren Herzen weiterlebten und neue Geschichten auf sie warteten.

Ein Licht in der Dunkelheit

Herta 88 und Friedrich 92 waren seit sechzig
Jahren unzertrennlich, ihre Liebe ein sanftes Band,
das die Zeit überdauerte. Sie lebten in einer
kleinen, gemütlichen Wohnung in einem ruhigen
Stadtviertel. Doch das Schicksal hatte andere
Pläne für die beiden. Eines Morgens, während der
Duft von frisch gebrühtem Kaffee die kleine Küche
erfüllte, erlitt Friedrich seinen ersten Schlaganfall.
Der schockierte Blick in Hertas Augen, als sie ihn
regungslos auf dem Boden fand, würde sich für
immer in ihr Gedächtnis brennen.

Nach längeren Tagen im Krankenhaus, in denen
Herta unermüdlich an Friedrchs Seite war, musste
er schließlich ins Seniorenheim ziehen. Der Umzug
fiel ihm schwer; die Welt um ihn herum schien
blass und trist, und die vertrauten vier Wände ihrer
Wohnung schienen nun wie ein ferner Traum.
Herta, stark und voller Liebe, besuchte ihn so oft
wie möglich und sorgte dafür, dass er nicht allein
war. Aber auch das Schicksal ihrer eigenen
Gesundheit wartete auf einen Augenblick, um
zuzuschlagen.

Wenige Monate nach Friedrichs Einzug in das
Seniorenheim erkrankte Herta an Corona. Ihre
Symptome waren schlimmer als erwartet, und
schließlich musste sie ebenfalls ins Heim verlegt
werden. Die beiden fanden sich in getrennten
Zimmern wieder, ein Umstand, der ihre Herzen

sichtlich schwer machte. Dennoch fand Herta Trost darin, dass sie nun näher beieinander waren. Gemeinsam mit den Pflegekräften sorgte sie dafür, dass Friedrich all die Liebe und Fürsorge erhielt, die er benötigte.

Der Sommer kam, und mit ihm die Vorbereitungen für ihren 60. Hochzeitstag. Das Betreuungsteam des Seniorenheims organisierte ein festliches Frühstück im Garten, um diesen besonderen Tag zu feiern. Der Garten war erfüllt von Blüten, die in strahlenden Farben blühten, und der Duft von frisch gebackenem Brot lag in der Luft. Herta und Friedrich saßen Hand in Hand an einem Tisch, umgeben von Erinnerungen an ihre gemeinsame Zeit und den wunderschönen Momenten, die sie miteinander geteilt hatten. Lachen erfüllte die Luft, und die Liebe zwischen ihnen schien trotz der widrigen Umstände wie ein zartes Licht in der Dunkelheit zu strahlen.

Doch nur wenige Tage später wollte das Schicksal erneut zuschlagen. Friedrich erlitt einen weiteren Schlaganfall. Herta konnte ihn mit eigenen Augen sehen, wie er im Bett lag, unfähig zu sprechen oder sich zu bewegen. Jede Sekunde fühlte sich an wie eine Ewigkeit. Als es an seinem Geburtstag geschah, hielt sein Herz nach einem langen Kampf still. Die Nachrichten trafen Herta mit voller Wucht. Der Schmerz überwältigte sie, und das Licht in ihrem Herzen schien zu erlöschen.

Der Verlust von Friedrich hinterließ ein großes Loch in ihrem Leben. Herta fühlte sich verloren und allein, eingehüllt in eine dunkle Wolke der Traurigkeit. Die Tage im Seniorenheim wirkten nun grau und leer, selbst die alltäglichen Aktivitäten, die sie einst als Ablenkung betrachtete, konnten keinen Funken Freude mehr hervorrufen. An manchen Tagen schaffte sie es nicht einmal, aus ihrem Zimmer zu kommen. Ihre Trauer fraß sich langsam durch die Ritzen ihres Herzens.

Trotz ihrer inneren Dunkelheit beschloss Herta, weiterhin an den Aktivitäten im Heim teilzunehmen. Vielleicht würde es helfen, die Erinnerungen an die glücklichen Momente mit Friedrich in ihrem Herzen lebendig zu halten. Manchmal saß sie allein im Garten, wo einst die Sonne mit ihrem Mann schien, und ließ die Erinnerungen wie vergängliche Blumen vorbeiziehen. Aber die Einsamkeit und die Traurigkeit wurden mit jedem Tag erdrückender.

Ein Jahr nach Friedrichs Tod begann Herta, sich weiter zurückzuziehen, als ob sie den Tod selbst einladen wollte, um sich endlich von ihrem Schmerz zu befreien. Die Pflegerinnen bemerkten die Veränderungen und versuchten, Herta zu helfen, doch nichts konnte die Leere in ihrem Herzen füllen. Schließlich, einige wenige Tage nach dem ersten Todestag ihres geliebten Friedrichs, schloss Herta ihre Augen für immer, als wäre sie von einem langen Schlaf berührt worden.

In der Stille des Seniorenheims, wo einst Lachen und Freude regierten, blieb nur die Erinnerung an eine Liebe, die die Zeit überdauert hatte. Herta und Friedrich waren wieder vereint, in der Hoffnung, dass ihre Seelen in einem anderen Leben wieder zusammenfinden würden – ein Licht in der Dunkelheit, das nie ganz erlischt.

Das Licht der Erinnerungen

Johanna war 42 Jahre alt und die Betreuungskraft im Seniorenheim, wo jeder Bewohner eine Geschichte zu erzählen hatte. Ihre Leidenschaft für ihren Beruf war unübersehbar; sie liebte die Senioren, ihre Geschichten und die Herausforderungen, die jeder Tag mit sich brachte. Mit einem strahlenden Lächeln und einem offenen Ohr ging sie jeden Morgen zur Arbeit, bereit, das Beste für ihre Schützlinge zu tun. Eines Tages war der Himmel grau und die Luft kühl, als Johanna das Heim betrat.

Sie fühlte sofort die Schwere in der Luft, die von den Sorgen und Gedanken der Bewohner ausging. Einige schauten gedämpft aus dem Fenster, während andere leise miteinander plauderten. Johanna wusste, dass sie an diesem Tag mit warmen Keksen und Geschichten den Raum erhellen musste. „Guten Morgen, meine Lieben! Heute backe ich Schokoladenkekse!" rief sie fröhlich und erwärmte das Herz der Senioren. Die Nachricht zog schnell durch das Heim wie ein Lauffeuer. „Ich helfe dir, Johanna!" erhob sich Frau Müller, eine spritzige 84-Jährige, die immer einen neuen Witz auf Lager hatte.

Ihre Augen funkelten vor Vorfreude. „Ich mache die besten Kekse, wenn du mir die Rezepte gibst!" „Und ich kann dir die Geheimzutaten verraten!", kreischte Herr Schmidt, der als ehemaliger Bäcker gemeinhin bekannt war. „Schokolade muss immer extra sein!" Zusammen versammelten sie sich in der Gemeinschaftsküche. Während die Zutaten abgewogen und der Teig geknetet wurde, erzählten die Senioren Geschichten aus ihrer Jugend. Johanna hörte gebannt zu, als Herr Weber auf seine Zeit im Krieg zurückblickte, als die einfachen Dinge – ein Stück Brot oder eine Tasse Kaffee – oft wertvoller waren als Gold. Gerade als die Kekse im Ofen begannen, ihren süßen Duft zu verbreiten, klopfte es an der Tür.

Es war der Wohnbereichsleiter, Herr Braun, ein fürsorglicher Mann Anfang fünfzig. Er hatte ein besorgtes Gesicht und wandte sich direkt an Johanna. „Johanna, ich wollte dich um einen Gefallen bitten. Herr Möller ist wieder in einer schlechten Verfassung. Er möchte nicht mehr essen oder trinken. Vielleicht könntest du ihn besuchen?" Johanna nickte, ihr Herz zog sich zusammen. Herr Möller war ein ehemaliger Lehrer und hatte eine große Leidenschaft für die Literatur. Sein Geist war scharf, aber die Traurigkeit hatte ihn in den letzten Wochen fest im Griff. Mit einem Teller frisch gebackener Kekse machte sich Johanna auf den Weg zu seinem Zimmer.

Das Knarren der alten Flure war nur das Geräusch ihrer Schritte, bis sie an der Zimmertür ankam. Sie klopfte sanft und trat ein. Der Raum war dunkel, und Herr Möller saß am Fenster, verloren in Gedanken. „Guten Morgen, Herr Möller", begrüßte sie ihn freundlich. „Ich habe etwas für Sie." Sie hielt ihm einen Keks hin. „Frisch gebacken!" Er drehte sich um und betrachtete sie mit müden

Augen. „Ich danke Ihnen, Johanna. Ich habe keinen Hunger", murmelte er. „Das ist in Ordnung", sagte sie sanft. „Aber vielleicht möchten Sie mir erzählen, was Sie heute denken? Mich interessiert alles, was Sie sagen."

Nach einer kurzen Stille begann Herr Möller zu sprechen. Er erzählte von seinen Lieblingsbüchern, von der ersten Liebe, die ihn nie verlassen hatte und von seinen Schülern, die ihn besuchten und ihm Geschichten von ihrem eigenen Leben erzählten. Während er erzählte, begann sich sein Gesicht aufzuhellen, und das Glitzern kehrte in seine Augen zurück. Johanna setzte sich neben ihn und nahm sich Zeit, jedem seiner Worte zuzuhören. „Sie sind ein Schatz, Herr Möller. Ihre Geschichten sind wichtig, und ich bin froh, dass ich sie hören darf", sagte sie. Etwas in seinem Blick veränderte sich, als er mehr sprach.

Es war, als würde er aus einem tiefen Schlaf erwachen, als die Erinnerungen zurückkamen und die Dunkelheit aufhellten. Nach einer Weile bot sie ihm einen Keks an, und zu aller Überraschung nahm er einen. „Dieser Keks…" murmelte er, während er kaute, „er erinnert mich an meine Kindheit. Meine Mutter hat immer Kekse gebacken. Manchmal ist es schön, an die guten Zeiten zurückzudenken." Johanna lächelte. „Ja, manchmal sind es die kleinen Dinge, die das Leben so viel schöner machen.

Lassen Sie uns mehr Kekse backen!" Die folgende Woche verlief ähnlich. Johanna verbrachte Zeit mit den Bewohnern, steckte ihre Köpfe in die Backschüsseln und ließ sich von ihren Geschichten mitreißen. Herr Möller blühte zusehends auf und begann, auch an den Gesellschaftsspielen teilzunehmen, die Johanna organisierte. Es war, als wäre er wieder in die Welt zurückgekehrt.

Eines Tages, als Johanna nach einer langen Schicht erschöpft in die Küche trat, stellte sie fest, dass ihre Freunde im Wohnzimmer auf sie warteten. Mit Kuchen, Keksen und Blumen hatten sie eine kleine Feier zu Ehren ihrer Betreuungsleiterin organisiert. „Wir schätzen alles, was Sie für uns tun, Johanna", sagte Frau Müller und umarmte sie. „Danke, dass Sie uns nicht nur zuhören, sondern uns auch leben lassen." Johanna spürte, wie ihr Herz überquoll. In diesem Moment wusste sie, dass sie die richtige Entscheidung getroffen hatte, als sie diesen Beruf gewählt hatte. Es war mehr als nur ein Job für sie - es war eine Lebensmission, die ihr die Essenz des Lebens näherbrachte.

So lebten sie weiter, beflügelt von ihren täglichen Interaktionen, während sie die Erinnerungen der Vergangenheit feierten und neue Erlebnisse schufen, die die Zeit im Altenheim zu einem kostbaren Kapitel ihres Lebens machten. Denn am Ende war es nicht nur eine Frage zwischen Leben und Tod, sondern wie man auch im Alter das Leben unendlich bereichern kann.

Der Duft von Apfelstrudel und Freundschaft

Berta war 88 Jahre alt, als sie die Türen des Seniorenheims in Potsdam durchschritt. Mit ihrem Rollator fuhr sie vorsichtig über den Weg, der zur Eingangstür führte. Ein Sonnenstrahl küsste ihr graues Haar, und für einen Moment fühlte sie sich, als könnte sie die Zeit anhalten. Die Welt außen war laut und hektisch, aber hier, in diesem Heim, lag ein sanfter Frieden in der Luft. „Willkommen im Seniorenheim Potsdam!", rief eine freundliche Stimme.

Es war Maike, die Leiterin, die mit einem Lächeln auf sie zukam. Berta fühlte sich sofort wohl. Sie hatte keine Angst vor dem Neuen; sie war schließlich ein Leben lang mit Veränderungen umgegangen. Ihre Gedanken schweiften zu ihrem Sohn, der sie fast täglich besuchte und immer frisches Obst mitbrachte. „Ich habe dir heute Äpfel mitgebracht, die schmecken einfach köstlich!", pflegte er zu sagen, während er sie herzlich umarmte. Berta stellte schnell fest, dass es im Heim viele Möglichkeiten gab, neue Kontakte zu knüpfen. In der ersten Woche fand sie sich bereits in einer Frühstücksgruppe wieder. Vier andere Bewohner, die wie sie Unterstützung benötigten, saßen zusammen an einem großen Tisch.

Der Kaffee duftete verführerisch, und die Brötchen waren frisch und warm. Bei jedem Besuch erzählten sie Geschichten aus ihrem Leben – von alten Kriegen, von längst vergessenen Liebschaften und von den kleinen Freuden des

Alltags. Einer der Mitarbeiter, ein netter Mann namens John, hatte einen besonderen Platz in ihrer Seele. Er war Teil des begleitenden Dienstes und hatte eine ruhige, beruhigende Art. Während einer Weinverkostung lachte Berta mit ihm und den anderen. Die Weingläser klirrten, und sie scherzte darüber, wie sie in ihrer Jugend so oft unbeschwert gefeiert hatte. „Auf die Freundschaft!", rief John und hob sein Glas.

Berta lächelte, als sie daran dachte, dass das Lachen nie aus ihrem Leben verschwinden würde, egal wie viele Erinnerungen sie zu verwirrten Gedanken vermischte. Die Wochen vergingen, und etwas in Berta begann sich zu verändern. Manchmal verlor sie den Faden ihrer eigenen Geschichten oder fand nicht die passenden Worte. Doch wenn sie zwischendurch den nutzlosen Kram aus ihrem Kopf schob und auf ihre alten Freunde schaute, fühlte sie, dass das Lachen ihr Glück zurückbrachte. Ihre Verwirrung war nur eine kleine Wolke am Himmel, die schnell vorbei zog. An einem strahlenden Dienstagmorgen, als die Sonne durch das Fenster schien, beschloss Berta, ein besonderes Frühstück vorzubereiten.

Sie sammelte ihre Freunde um sich und präsentierte stolz ihren hausgemachten Apfelstrudel. Die Gruppe war begeistert, als sie jede einzelne Zutat erklärte und dabei in Erinnerungen schwelgte. „Das Rezept stammt von meiner Mutter", erzählte sie und sah, wie die Augen ihrer Freunde leuchteten. „Es ist eine

Mischung aus Liebe und einem Hauch von Zimt."
Der Apfelstrudel wurde zum Symbol ihrer neuen
Gemeinschaft. Jedes Mal, wenn es serviert wurde,
brachten sie Geschichten hervor, und trotz der
kleinen Verwirrung, die manchmal über den Tisch
schlich, fanden sie stets einen Weg, sich
gegenseitig zum Lachen zu bringen.

Eines Abends, während eines Spieleabends im
Gemeinschaftsraum, bemerkte Berta, dass die
Verwirrung wieder stärker wurde. Plötzlich wusste
sie nicht mehr, ob es Dienstag oder Freitag war.
Doch als sie in die Gesichter ihrer Freunde sah,
fühlte sie sich geborgen. John kam zu ihr, legte
beruhigend eine Hand auf ihren Arm und fragte:
„Möchte jemand einen weiteren Apfelstrudel?" Das
Lachen, das folgte, war so rein und ehrlich, dass
die Wolken in Bertas Gedanken schnell wieder
verschwanden. Die Tage vergingen, und jeden
Morgen fand sie sich in der Frühstücksgruppe mit
den gleichen sechs Freunden wieder.

Ihr Sohn brachte weiterhin Obst mit, und sie
erzählte ihm voller Stolz von den Abenteuern im
Heim. „Manchmal bin ich verwirrt, aber das hält
mich nicht davon ab, glücklich zu sein", lachte sie,
als er sie besuchte. Schließlich, nach mehreren
Monaten voller Freude und Freundschaft, stand
Berta an einem warmen Sommerabend vor dem
großen Fenster des Aufenthaltsraums. Sie blickte
auf den Garten, der im Abendlicht glühte, und
dachte an all die erlebten Momente. Ihr Herz war
voll von Dankbarkeit für die neuen Freundschaften,

die sie geschlossen hatte. Auch wenn ihre Gedanken manchmal sprangen, wusste sie, dass der Duft von Apfelstrudel und das Echo des Lachens niemals aus ihrem Leben verschwinden würden. In der Stille des Raumes spürte sie das Gefühl, angekommen zu sein.

Die Verwirrung war nur ein kleiner Teil ihres Lebens, der sie nicht bremsen konnte. Sie war Berta, eine Frau voller Geschichten, die Lachen und Liebe zurückliefern konnte, was noch viel schöner war als alles, was sie je verloren hatte.

Der letzte Aufstand des Herrn Schröder

Es war ein trüber Morgen im Seniorenheim, wo die Lichtstrahlen durch die trüben Fenster fielen und eine melancholische Stimmung erzeugten. Herr Schröder, 80 Jahre alt, saß in seinem Rollstuhl und starrte auf die grauen Wände, die ihn umgaben. Ein schweres Ausatmen verriet die Kämpfe, die in ihm tobten; Parkinson zwang seinen Körper, nicht mehr so zu funktionieren wie früher.

Die Worte, die sich in seinem Kopf formten, fanden selten den Weg nach draußen. Wenn er sprach, klang es oft wie ein lautes Murmeln eines geheimnisvollen Dialekts, den nur er zu verstehen schien. Herr Schröder war früher ein energischer Anführer, der viele Menschen motivierte und führte. Er hatte ein Leben voller Leidenschaft und Entschlossenheit gelebt, doch nun war er in diesem Heim gefangen, während die Welt draußen weiterging. Die Pflegerinnen und Pfleger waren freundlich, aber oft überfordert; sie hatten keine Zeit, um seine tiefen Sehnsüchte zu verstehen. Und die anderen Bewohner – jeder von ihnen kämpfte mit seinen eigenen Geistern der Demenz – schienen ihn nur als einen weiteren Schatten in ihrem farblosen Leben zu sehen.

Eines Tages beschloss Herr Schröder, dass genug genug war. Die Heizung in seinem Zimmer war ungenügend und ließ ihn frösteln, während die anderen Bewohner in ihren warmen Decken eingekuschelt waren. Mit einem entschlossenen

Blick, den nur seine alten Augen noch zusehen vermochten, nahm er seinen Rollstuhl und machte sich auf den Weg zu seinem Auto, das im Hof des Heims wartete. Er hatte es selbst entworfen und mit einer besonderen Vorrichtung ausgestattet, die es ihm erlaubte, sich sicher zu bewegen, ohne zu stürzen. In diesem Fahrzeug fühlte er sich frei.

Wie durch einen inneren Instinkt geleitet, tat er etwas Ungewöhnliches. Er drückte auf einen Knopf an seinem Lenkrad, und die Heizung schoss mit einem lauten Knacken aus, als hätte ein Vulkan beschlossen, seine Lava zu entleeren. Wasser spritzte aus dem Gerät, ergoss sich über den Boden und bildete einen kleinen Fluss, der in den Flur floss.

Die Pfleger, die gerade in der Nähe waren, erstarrten für einen Moment, bevor sie hastig zur Tat schritten. „Herr Schröder! Was haben Sie getan?!" Die chaotische Szene, die sich vor ihnen entfaltete, zog die Aufmerksamkeit der anderen Bewohner auf sich. Einige, die in ihrem Dämmerzustand gefangen waren, bemerkten plötzlich, was geschah. Ihre Gesichter verzogen sich vor Verwirrung, einige murmelten, während andere mit weit aufgerissenen Augen zusahen, wie das Wasser wie ein sanfter Strom durch den Flur wanderte.

Es war nahezu surreal – der alte Mann, der einst das Steuer in der Hand hielt, wachte mit einem letzten Aufbegehren gegen die Stille seines Lebens auf. „Ich wollte einfach nur warm sein!", rief er, die Worte kamen schwerfällig, aber mit einer Stärke, die selbst ihn überraschte. Die Pfleger versuchten, das Wasser zu stoppen, während die anderen Bewohner begannen, sich zu versammeln, als wären sie Teil eines entfesselten Theaters, das sich gerade entfaltete.

Ein älterer Herr, Herr Müller, der immer in seiner Ecke saß und merkwürdige Geschichten erzählte, schien die Situation zu begreifen. „Wir müssen helfen!", rief er mit brüchiger Stimme. „Lasst uns diesen alten Mann unterstützen!" Plötzlich verwandelte sich das Chaos in eine Art Gemeinschaftsprojekt.

Die Dementen, die oft in ihrer eigenen Welt gefangen waren, fanden eine neue Energie. Sie begannen, den Flur entlang zu laufen, um Handtücher zu holen, um das Wasser aufzuwischen, lachten und flüstern dabei über die „Wassergeschichte". Herr Schröder wurde zum Mittelpunkt ihrer Aufmerksamkeit. Während die Pfleger arbeiteten, um die Heizung zu reparieren, begannen die anderen Bewohner, Geschichten über ihre eigenen Kämpfe und Herausforderungen zu erzählen.

Für den ersten Mal erinnerte sich Herr Schröder, dass es nicht nur um ihn und seine persönlichen Kämpfe ging. Diese Gemeinschaft, auch wenn sie gebrochen war, hatte eine eigene Dynamik. Und während er da saß, inmitten des scheinbaren Chaos, erkannte er, dass selbst in der Dunkelheit des Alters, eine Funken der Menschlichkeit erblühen konnte. Als das Wasser schließlich gestoppt und die Heizung repariert war, schauten sich alle an, die anfängliche Verwirrung war gewichen und hatte Platz gemacht für ein unerwartetes Zusammengehörigkeitsgefühl.

Herr Schröder lächelte, ein schüchterner Ausdruck, der jedoch vielsagend war. „Könnten wir vielleicht zusammen etwas tun?", seine Stimme schwang sanft, fast wie ein Flüstern, aber die anderen hörten ihn. In dieser kleinen, gefangenen Welt, wo Parkinson und Demenz herrschten, begann der Prozess des Wiederentdeckens. Ohne dass es jemand geplant hatte, schuf Herr Schröder mit seinem letzten Aufstand eine neue Verbindung der Hoffnung, die die Wände des Seniorenheims durchbrach und den Bewohnern half, ihre Menschlichkeit zurückzufinden.

Das Leben im Seniorenheim würde nie wieder ganz dasselbe sein, und Herr Schröder wusste, dass er, obwohl er zerbrechlich war, einen entscheidenden Beitrag geleistet hatte, um das Licht in die Dunkelheit zu bringen.

Der Stammtisch

Im Seniorenheim versammelten sich alle zwei
Wochen die Männer des Stammtischs im kleinen,
aber gemütlichen Gemeinschaftsraum. Der Geruch
von frischem Bier schwebte in der Luft und
verschmolz mit den Geschichten aus einer Zeit,
die längst vergangen war. Franz, der älteste unter
ihnen mit seinem weißen Bart und den funkelnden
Augen, saß am Kopf des langen Tisches. Neben
ihm nahm Paul Platz, ein ehemaliger Lehrer mit
einer Vorliebe für geschliffene Witze, die oft mehr
über aktuelle politische Themen verrieten, als man
dachte.

Otto, der einst ein leidenschaftlicher Koch war,
stand immer bereit, mit seinen kulinarischen
Anekdoten das Gespräch zu würzen, während
Emil mit seinen Geschichten über seine alten
Reisen den Raum mit Abenteuern füllte. Karl, der
Hobbyfotograf, hatte stets ein paar alte Bilder
dabei, um die Geschichten visuell zu untermalen,
und Heinz, der stets eine Brille trug, die einen
Hauch von Verwirrung vermittelte, brachte
Schwung in die Diskussionen über die große
Politik.

Die Runde wurde von John, dem freundlichen
Betreuer des Heims, geleitet, der mit einem
Lächeln die Getränke verteilte. Er kannte nicht nur
die Vorlieben der Männer, sondern auch ihre
Geheimnisse und Wünsche. Manchmal blinzelte er

wissend, wenn er bemerkte, dass die Gespräche sich zunehmend um die kleinen Freuden des Lebens drehten: die Vorfreude auf den Sommerausflug oder die köstlichen Kuchen, die die Bewohner im Winter zubereiteten.

An diesem besonderen Abend, als die Sonne hinter den Bäumen verschwand und der Raum in warmes Licht getaucht war, sagte John: „Ich habe gehört, es gibt heute eine Überraschung!"

Ein aufgeregtes Murmeln ging durch die Runde, und die Männer stellten neugierig ihre Gläser ab. Plötzlich öffnete sich die Tür, und eine ältere Dame namens Klara trat ein. Mit ihrem offenen Lächeln und dem strahlend roten Schal war sie sofort ein Hit. Ihr kurzes, lockiges Haar erinnerte alle an die glorreichen Zeiten ihrer Jugend, als sie noch Tanzveranstaltungen in der Stadt besuchte.

„Darf ich mich setzen?", fragte sie mit einem charmanten Lächeln. Die Männer, deren Augen vor Freude leuchteten, nickten einstimmig. Klara nahm den Platz neben Emil ein, der schon gleich begonnen hatte, ihr von seinen früheren Abenteuern auf dem Wasser zu erzählen.

Das Gespräch begann, und bald darauf waren sie alle in eine lebhafte Diskussion vertieft, die von den Herausforderungen des Alters bis hin zu den Freuden des Lebens reichte. Paul erzählte einen seiner schlauen Witze über die Politikkonferenz, bei der er einmal einen Minister getroffen hatte, während Otto jedem ein Stück seiner selbstgemachten Käsebrezeln anbot. Klara lachte herzlich und fühlte sich sofort wohl in der Runde.

Die Zeit verging schnell, und die Gespräche wurden immer persönlicher. Karl zeigte seine Fotos von seiner Tochter, die in der Stadt lebte, während Emil sie alle dazu ermutigte, ihre eigenen Geschichten über die Liebe zu teilen. „Ah, die Liebe! Sie schlägt wie ein Sturm ein!", rief Otto begeistert aus. Die Männer nickten zustimmend und erinnerten sich an ihre ersten Tanzflächen-Abenteuer, an erste Dates und an innige Umarmungen.

Schließlich, als das Abendessen vorbeiging, hielt John seinen Becher hoch und sagte: „Auf die Freundschaft, die Erinnerungen und die neuen Geschichten, die wir miteinander teilen!" Die Gruppe stimmte lautstark zu und hob ihre Gläser. Klara fühlte sich warm und willkommen, etwas, das sie seit Jahren nicht mehr empfunden hatte.

Während die Nacht fortschritt, kamen alte Geschichten ans Licht, die zu besten Witzen und herzlichen Erinnerungen führten. So erzählte Heinz die lustige Anekdote über einen Überfall auf seine Cousine, die ihn damals aus dem Schlaf gerissen hatte, und klarte die Missverständnisse über die Schulausflüge auf, die niemals so geplant waren wie gedacht.

Doch nach einer Weile, als die Gespräche anfingen, sich im Kreis zu drehen, stellte Klara eine Frage, die alle zum Nachdenken anregte: „Wenn ihr noch einmal in der Zeit zurückreisen könntet, was würdet ihr ändern?"

Es wurde still. Jeder dachte nach. Franz, der die stille Einsicht liebte, brach schließlich das Schweigen: „Nicht viel, ich glaube, ich bin genau hier, wo ich sein soll. Alle diese Erinnerungen haben mich zu dem Menschen gemacht, der ich jetzt bin." Die anderen nickten, die tiefere Bedeutung solcher Worte ergreifend.

Klara lächelte und fühlte die Verbundenheit, die in diesem Raum herrschte. Es war nicht nur ein Stammtisch; es war ein Ort der Freude, des Austauschs und der Heilung. Hier kamen nicht nur Männer zusammen, um zu reden – sie teilten ihr Leben, ihre Träume und die Gewissheit, dass jeder Tag, den sie zusammen verbrachten, ein weiteres Kapitel in ihrem gemeinsamen Buch der Erinnerungen war.

Als die Runde zu Ende ging und sich auflöste, hinterließ die Zusammenkunft ein warmes Gefühl der Zugehörigkeit. Klara verabschiedete sich mit einem Versprechen, beim nächsten Mal wiederzukommen. Und während die Männer sich gegenseitig auf die Schultern klopften und in ihren Zimmern verschwanden, wusste jeder von ihnen, dass sie nicht nur Freunde waren, sondern Teil einer großen Familie, die in den Erinnerungen des Lebens gebettet war.

Freds Melodien

In einem Seniorenheim am Rande einer lebhaften Stadt lebte Fred, ein 78-jähriger Mann mit funkelnden Augen und einem unerschöpflichen Lächeln. Fred war seit kurzem in diesem Heim untergebracht, nachdem er sich nicht mehr alleine um sich kümmern konnte. Seine Frau, Gertrud, besuchte ihn mehrmals in der Woche und brachte immer einen Strauß frischer Blumen mit, den sie in die kleine Vase auf seinem Nachttisch stellte. Diese Blumen waren für Fred wie der Sonnenstrahl in seinem neuen Leben – sie hatten eine Art von Magie, die die Erinnerungen wecken konnte, selbst wenn die Schatten der Demenz über seine Gedanken schwebten.

Der Alltag im Heim war geprägt von routinierten Abläufen – Mahlzeiten, Spiele, und die liebevolle Fürsorge der Pflegekräfte. Fred jedoch war unruhig. Er lief den ganzen Tag über die langen Flure, seine Schritte oft im Takt eines unsichtbaren Liedes. Die Pflegerinnen und Pfleger, die ihn gut kannten, lächelten ihm zu, während sie versuchten, ihn anzusprechen. „Fred, wo möchtest du heute hingehen?" Doch oft wusste er es selbst nicht. Seine Welt war jetzt ein Labyrinth aus Erinnerungen, die sich in der Farbpalette der Zeit verwischten.

„Komm, spiel mit uns!", riefen die anderen Bewohner, die sich im Gemeinschaftsraum versammelt hatten, um eine Runde Wurfspiele zu spielen. Fred liebte diese Spiele, denn sie brachten ihn zurück zu den sonnigen Nachmittagen, an denen er mit seinen Enkeln im Park war. In diesen Momenten fühlte er sich lebendig, als ob die Musik seines Lebens wieder spielte. Lachen erfüllte den Raum, und Fred sang dabei leise mit. Die Melodien, die einst aus seinem Mund flossen, kamen bisweilen zurück, verwaschen, aber vertraut.

Trotz seiner Freude beim Spielen und Singen machte sich die Sorge um sein Wohlbefinden breit. Fred hatte stark abgenommen, was sowohl die Pflegekräfte als auch der Hausarzt nicht ignorieren konnten. „Er ist viel zu aktiv", murmelte die Schwester zum Arzt, während Fred im Hintergrund unermüdlich weiterlief. „Wir müssen etwas unternehmen, sonst könnte es gefährlich werden." Der Arzt nickte, besorgt über die Entwicklung. Sie planten eine ausgewogene Ernährung, die die Pflegekräfte bei den Mahlzeiten umsetzen sollten, ohne Freds Freude an Bewegung zu dämpfen.

Eines Tages, nach einem besonders langen Spaziergang, setzte sich Fred im Garten des Heims auf eine Bank. Die warmen Sonnenstrahlen küssten sein Gesicht, und in diesem Moment verwandelte sich die Welt um ihn. Vor ihm schimmerten die Blumen, die Gertrud ihm gebracht hatte, in leuchtenden Farben. Plötzlich durchbrach eine Kindheitserinnerung die Nebel seiner

Gedanken. Er erinnerte sich, wie er als kleiner Junge mit seinem Vater im Garten gespielt hatte, die Kirschen vom Baum pflückend und die Vögel beobachtend.

Fred stand auf und ging langsam zu den blühenden Sträuchern neben dem Weg. Dort entdeckte er einige frische Kirschen, die an einem alten Baum hingen – ein Zufall, der sein Herz schneller schlagen ließ. Wie gerne würde er sie pflücken und mit Gertrud teilen! Mit einem Strahlen in den Augen kehrte er ins Heim zurück und erzählte jedem von seiner Entdeckung, als wäre er wieder der kleine Junge, der voller Staunen die Welt um sich herum erkundete.

Gertrud kam an diesem Abend und brachte ihm einen selbst gebackenen Kirschkuchen mit. Als sie ihm erklärte, dass die Kirschen sie an das Glück ihrer gemeinsamen Zeit erinnerten, strahlte Fred. Sie lachten und schlangen ihre Hände ineinander, als sie zusammen das Stückchen Kuchen genossen. „Die Kirschen und die Lieder sind der Schlüssel zu meinen schönsten Erinnerungen", sagte er mit einem warmen Blick. „Sie bringen mich zurück, wohin ich gehören."

Die Zeit verging, und die Pflegekräfte bemerkten eine Veränderung. Fred wurde ruhiger und nahm wieder an Gewicht zu. An den Wochenenden saßen die Bewohner oft im Garten, um Geschichten zu teilen und Lieder zu singen.

Obwohl das Lächeln auf Freds Gesicht nie ganz verschwand, erlebte er trotz der Herausforderungen seiner Krankheit Momente des Glücks und der Verbindung, die stärker waren als die Schatten der Demenz.

In diesen melancholischen, aber wunderschönen Tagen des Lebens entdeckte Fred nicht nur die Bedeutung der Liebe in seiner Ehe, sondern auch die Stärke der Freundschaften, die im Seniorenheim blühten. Während er gemeinsam mit Gertrud und den anderen Bewohnern im Rhythmus des Lebens sang, erkannte er, dass seine Melodien, so zerbrechlich sie auch sein mochten, niemals verstummen würden.

Und so wanderte Fred weiter, mit einem fröhlichen Herzen und dem unaufhörlichen Drang, das Leben in all seinen Facetten zu genießen – ein charmanter Held seiner eigenen, farbenfrohen Geschichte.

Erinnerungen im Schatten der Zeit

Amalie saß in ihrem Rollstuhl vor dem Fenster ihres Zimmers im Seniorenheim, das sie seit fünf Jahren ihr Zuhause nannte. Die Wände waren geschmückt mit alten Fotografien, die Geschichten von einer vergangenen Zeit erzählten: ihre drei Töchter als Kinder, der stolze Blick ihres verstorbenen Mannes und Landschaften aus ihrer Heimat, die sie einst verlassen hatte. Mit ihren 94 Jahren war Amalie eine Frau, die viel erlebt hatte, doch die Erlebnisse waren nicht immer von Freude geprägt.

Es war ein sonniger Frühsommermorgen, und die Luft duftete süß nach blühenden Blumen. Amalie trug ihr bestes Kleid – ein pastellfarbener Stoff, der an den warmen Tagen ihrer Jugend erinnerte. Als die ersten Sonnenstrahlen durch das Fenster fielen, begannen ihre Gedanken zu wandern, wie ein Schmetterling, der zwischen Blüten umherflog. Sie sang leise eine Melodie, die sie oft ihren Schülerinnen vorgesungen hatte, während sie Deutsch und Russisch lehrte. Es war ein Lied über Hoffnung und Freiheit, das sie in schweren Zeiten immer getröstet hatte.

Aber die Tage waren nicht immer so hell. Immer wieder gab es Momente, in denen die Dunkelheit in ihre Gedanken schlich. Wenn die Erinnerungen an den Krieg und die Flucht aufbrachen, verwandelte sich die sanfte Amalie in eine zornige

Frau. „Fass mich nicht an! Du verstehst nichts!" rief sie zur Pflegekraft, die versuchte, ihr beim Mittagessen zu helfen. Ihre Augen, einst warm und einladend, waren dann kalt und voller Bitterkeit.

Die Angestellten des Heims hatten gelernt, mit Amalies wechselhaftem Gemütszustand umzugehen. Nadine, eine junge Pflegerin, die erst vor wenigen Monaten im Heim angefangen hatte, war besonders geduldig. Sie wusste, dass Amalie oft von ihren Erinnerungen überwältigt wurde, und sie versuchte stets, einen beruhigenden Anker für sie zu sein.

„Amalie," sprach Nadine sanft, „möchtest du vielleicht ein wenig singen? Ich habe gehört, dass du eine tolle Stimme hast."

In solchen Momenten fiel es Amalie manchmal schwer, den Zorn zu halten. Die Melodie, die Nadine anstimmte, war eine ansteckende und fröhliche Weise, die Erinnerungen an bessere Zeiten heraufbeschwor. Stück für Stück schmolz der Groll in ihrer Seele dahin, und Amalie begann, mitzusingen. Das Zimmer erhellte sich, und bald schwangen auch die anderen Bewohner mit.

Die kleinen Momente der Freude waren wahre Lichtblicke in ihrem Alltag. Ihre Töchter besuchten sie sporadisch, jedoch war der Zeitdruck des modernen Lebens oft ein Hindernis. Die jüngste Tochter, Anna, die seit ihrer Geburt behindert war, schaffte es nur selten, Amalie zu sehen. Sie war die Tochter, die am meisten Aufmerksamkeit benötigte, und es fiel Amalie oft schwer, diese Tatsache zu akzeptieren. „Ich wünsche mir, dass ich sie öfter sehen könnte", flüsterte sie manchmal, verloren in ihren Gedanken.

Doch Nadine und die anderen Mitarbeiter waren ihr neue Familie geworden. Als die Dementen-Momente kamen, umarmten sie Amalie, bis sie sich beruhigte. Sie hatten Geschichten und Spiele entwickelt, um ihre Erinnerungen zusammen wiederzuentdecken. Gemeinsam schrieben sie Briefe, die nie abgeschickt wurden, aber die Gefühle einer Zeit festhielten, die längst vergangen war.

Eines Abends, während die Sonne am Horizont unterging, saßen Amalie und Nadine in Amalies Zimmer und betrachteten die bunten Farben des Himmels. Plötzlich trat ein Gedanke in Amalies Kopf auf, stark und klar: „Wir sollten eine Aufführung organisieren!"

Nadine sah sie überrascht an. „Eine Aufführung? Was meinst du, Amalie?"

„Ein Konzert! Wir könnten Lieder aus meiner Zeit vorsingen! Es wäre wunderbar!" Ihre Augen leuchteten vor Begeisterung, und Nadine spürte, wie die Leidenschaft in Amalie erwachte.

Und so geschah es. Zusammen mit den pflegebedürftigen Bewohnern organisierten sie ein kleines Konzert im Garten des Heims. Die Vorbereitungen waren eine Freude: alte Lieder wurden wiederentdeckt, und die Nachbarn aus der Umgebung eingeladen. Amalie war nicht nur Lehrerin gewesen, sondern auch eine wahrhafte Künstlerin, die mit jedem gesungenen Wort die Herzen der Menschen berührte.

Am Abend des Konzerts strahlte Amalie in ihrem besten Kleid. Als sie auf die Bühne rollte, stieg die Aufregung in ihr auf. Sie begann zu singen und die Töne flogen durch die kühle Abendluft. Einige der älteren Bewohner standen auf und sangen mit. Nadine beobachtete mit einem Lächeln, wie sich die Gesichter der Menschen erhellten.

Und während sie sang, füllte sich Amalies Herz mit einer Melodie des Lebens, die sie für einen Moment über den Schatten der Erinnerungen erhob. Es war nicht nur ein Konzert; es war ein Ausdruck von Liebe und Hoffnung, ein Zeichen dafür, dass trotz der Herausforderungen des Lebens die Musik niemals verstummen musste.

In dieser Nacht, nach der letzten Note, schloss Amalie die Augen. Sie fühlte sich geborgen in der Gemeinschaft, und die Erinnerungen an den Krieg waren zu Geschichten geworden, die sie nicht mehr allein trugen. Sie war nicht nur eine alte Frau im Rollstuhl, sondern eine Mutter, eine Lehrerin, eine Sängerin – und vor allem: ein Teil der Gemeinschaft, die sie in all ihren Facetten liebte.

Luftgitarre

Das Seniorenheim, in dem Peter lebt, ist ein Ort voller Erinnerungen und Geschichten. Hier, umgeben von freundlichen Gesichtern und der warmen Atmosphäre, die oft nur durch das Lachen der Bewohner unterbrochen wird, sitzt Peter in seinem Rollstuhl. Mit seinen 73 Jahren trägt er die Last einer weitreichenden Vergangenheit; eine Geschichte, die von schönen Erlebnissen, aber auch von schweren Kämpfen geprägt ist.

Peter war einst Busfahrer – ein Beruf, der ihm Freude bereitete. Er liebte das Fahren, die Freiheit auf den Straßen. Doch nun, mit fortschreitender Demenz, hat sich sein Leben stark verändert. Oft vergisst er, wo sein Zimmer ist. Es kann Stunden dauern, bis er den richtigen Weg findet. Manchmal bleibt er einfach an einer Wand stehen und schaut in die Ferne, als ob er dort, hinter dem Ziegelwerk, die Antworten auf seine Fragen finden könnte.

Die Demenz macht ihm zu schaffen und bringt auch eine gehörige Portion Murmeltier-Melancholie mit sich. Wenn jemand versehentlich gegen seinen Rollstuhl stößt, ist es, als würde ein Vulkan ausbrechen. „Pass doch auf!", schimpft er lauthals und zieht alle Blicke auf sich. Die anderen Bewohner haben sich daran gewöhnt. Sie wissen, dass hinter dieser rauen Schale ein Herz schlägt, das einfach nur verstanden werden möchte.

Peter erzählt gerne von seiner Jugend in der DDR, vor allem von der Zeit, als er einen Fernseher gebaut hat. „Ich habe alles selbst gemacht", sagt er mit einem Funkeln in den Augen, das wirft einen Schatten auf die Geduld, die er manchmal nicht hat. Diese Geschichten sind wie kleine Fenster in seine Vergangenheit, die er immer wieder gerne öffnet, um einen Blick auf die Welt von damals zu werfen. Damals war alles einfacher – oder so denkt er.

Sein Leben im Seniorenheim hat auch seine positiven Seiten. Er singt leidenschaftlich gern. Früher war er Mitglied im Männerchor, und wenn die Bewohner zu Veranstaltungen im Gemeinschaftsraum eingeladen werden, versucht er oft, die Melodien anzustimmen. Doch um sicherzustellen, dass er bei den Veranstaltungen nicht in der Menge verloren geht, wünscht er sich, abgeholt und zurückgebracht zu werden. Die Sicherheit, die ihm diese Unterstützung gibt, strahlt für ihn in allen Ecken seines Lebens.

Trotz seiner manchmal mürrischen Art hat Peter einen ganz besonderen Platz im Herzen eines Freundes gefunden, der ihn regelmäßig besucht. Es sind keine großen Besuche, aber sie bringen ein wenig Licht in Peters Alltag. Über seine Familie spricht er selten. Vielleicht gibt es Kinder, vielleicht nicht. Es scheint, als seien diese Erinnerungen in den Nebeln seiner Demenz verloren gegangen. Doch das macht ihn nicht weniger menschlich;

vielmehr zeigt es ihm, dass die Verbindungen, die wir im Leben schaffen, manchmal das wertvollste Gut sind.

Ein weiteres Hobby hat Peter für sich entdeckt: Luftgitarre spielen. Es ist eine witzige Angelegenheit, die oft ein Schmunzeln auf das Gesicht der Pflegerinnen zaubert. Wenn er seine Hände in die Luft hebt, als würde er gerade die größten Hits der Rockgeschichte spielen, fühlt er sich frei – ein kleiner Moment, in dem die Demenz in den Hintergrund tritt und der Mann, der er einmal war, wieder zum Vorschein kommt. Musik hat für ihn etwas Magisches, und es erinnert ihn an die Zeit, als er selbst Akkordeon spielte.

Auf dem Wohnbereich steht ein altes Akkordeon, das in seiner Nähe ist. Oft beobachtet er es, mit einer Mischung aus Sehnsucht und Melancholie. „Daran könnte ich mal wieder spielen", murmelt er manchmal, als ob das Instrument die Brücke zu seiner Vergangenheit sein könnte. Es gibt Momente, in denen er versucht, das Akkordeon zu erreichen und die Tasten zu drücken, aber oft reicht die Kraft nicht aus oder seine Finger scheinen nicht mehr das zu tun, was er von ihnen möchte. Doch die Gedanken sind da, klar und unverfälscht.

Die Pflegerinnen und Pfleger im Seniorenheim haben gelernt, Peters Eigenheiten zu respektieren. Sie wissen, dass er manchmal nicht nach Sinn und

Logik handelt, sondern nach seinem eigenen Rhythmus. Wenn er nach einer Ermutigung fragt, ihm jemand die Hand reicht, blüht er für einen Moment auf. Diese kleinen Gesten der Zuneigung helfen ihm, mit seiner Krankheit zu kämpfen und den Tag zu überstehen.

Die Tage vergehen in einem ruhigen Fluss, unberührt von der Hektik der Außenwelt. Morgens steht Peter auf, genießt sein Frühstück und blickt hinaus in den Garten. Die Sonne scheint oft durch die Fenster und taucht den Raum in ein sanftes Licht. Es gibt Tage, an denen es ihm besser geht, und dann gibt es die anderen, an denen der Schatten der Demenz schwerer wiegt. In diesen Momenten kann er sich nicht erinnern, wo er ist, oder was er gerade getan hat.

Die Gemeinschaft im Seniorenheim bietet ihm eine gewisse Geborgenheit, trotz der Hürden, die die Demenz mit sich bringt. Manchmal erkennt er Gesichter, die er mag, und manchmal bleibt die Erinnerung nur ein flüchtiger Schatten. Doch das Heim ist mehr als nur ein Wohnort für Peter; es ist ein sicherer Hafen, wo er seine letzten Jahre verbringen kann, umgeben von Menschen, die ihn akzeptieren, wie er ist.

Und so lebt Peter in seiner ganz eigenen Welt, in der Musik, Erinnerungen und die Gesellschaft seiner Mitmenschen eine zentrale Rolle spielen. Auch wenn die Demenz seine Gedanken schwer macht, bleibt der Zugang zu seinen Erinnerungen und Leidenschaften bestehen. Peter ist ein Teil dieses Seniorenheims, und auch wenn er oft mürrisch ist, spüren die Menschen um ihn herum, dass er eine Seele hat, die tief und komplex ist. Es sind diese kleinen Augenblicke im Alltag, die darauf hinweisen, dass das Leben weitergeht, selbst wenn die Umstände es oft herausfordernd machen.

Ein Lebensbild voller Erinnerungen

Frau Renate Bieber ist 93 Jahre alt. Mit ihrer zierlichen Gestalt und den funkelnden Augen, die voller Leben strahlen, könnte man sie auf den ersten Blick für eine zerbrechliche alte Dame halten. Doch darunter verbirgt sich eine starke Persönlichkeit, die das Leben in all seinen Facetten gemeistert hat. Sie hat in der Vergangenheit großen Erfolg als Produzentin bei der DEFA (Deutsche Film-Aktiengesellschaft) gefeiert und unzählige Schauspieler*innen gekannt. Doch das Leben hat ihr auch harte Prüfungen auferlegt, und heute kämpft sie gegen die Herausforderungen der Demenz, während sie in einem Pflegeheim lebt, das sie nicht akzeptieren kann.

Frau Biebers gewählte Beruf wurde von ihrer Leidenschaft für das Filmgeschäft geprägt. Schon in jungen Jahren zog es sie zur DEFA, wo sie im kreativen Umfeld des deutschen Films arbeitete. In den 1950er und 60er Jahren war die DEFA das Herzstück der Filmproduktion in der DDR. Sie war bekannt dafür, Talente zu entdecken und viele Filme zu produzieren, die bis heute in Erinnerung geblieben sind. Dabei war Frau Bieber stets ein Rückhalt für die Schauspieler*innen, die sie während ihrer Karriere betreute. Sie half ihnen, ihre Rollen zu finden und setzte ihre Visionen im Film um.

Über die Jahre hinweg hatte Frau Bieber das Privileg, mit vielen bedeutenden Persönlichkeiten der damaligen Zeit zusammenzuarbeiten. Namen, die heute noch in der deutschen Filmgeschichte einen hohen Stellenwert haben, sind in Fräulein Biebers Herzen verankert. Wenn sie aus ihren Erinnerungen erzählt, leuchten ihre Augen auf, und die Freude über die gemeinsamen Projekte wird spürbar. An diesen Tagen fühlt sie sich lebendig und stark, als wäre sie immer noch Teil der kreativen Gemeinschaft, die sie einst so geliebt hat.

Doch das Leben hat auch seine Schattenseiten. Der Tod ihres Mannes, eines begabten Kameramanns, traf Frau Bieber hart. Er war nicht nur ihr Lebenspartner, sondern auch ein kreativer Komplize, der sie in der schwierigen Filmwelt stets unterstützte. Die Trauer über seinen Verlust ist tief in ihrem Herzen verankert und hat eine Welle von Einsamkeit in ihr Leben gebracht. Diese Einsamkeit sollte sich im Laufe der Zeit verstärken, als sie aufgrund ihrer Demenz zunehmend Schwierigkeiten hatte, ihr Leben selbstständig zu führen. Die Diagnose kam schleichend.

Zuerst waren es kleine Dinge: vergessene Termine, das Verlegen ihrer Brille oder das Vergessen von Namen. Doch im Laufe der Jahre wurde es schwieriger. Frauen wie Frau Bieber sind oft stolz auf ihre Unabhängigkeit, und die Vorstellung, Unterstützung zu benötigen, fiel ihr schwer. Schließlich führte der Weg ins Pflegeheim, wo sie sich nicht nur mit ihrer Erkrankung, sondern auch mit der fremden Umgebung auseinandersetzen musste.

Das Leben im Pflegeheim stellt eine immense Herausforderung für Frau Bieber dar. Die Wände dieser Einrichtung, obwohl freundlich gestaltet, fühlen sich wie ein Gefängnis an. Trotz der Bemühungen des Pflegepersonals, sie zu unterstützen und zu betreuen, vermisst sie die Welt außen vor dem Fenster, die Freiheit, die sie einst genossen hat. Ihre Gedanken schweifen oft zurück zu den Tagen der Produktion und der Dreharbeiten, wenn sie mit Schauspielern und Crewmitgliedern in enger Zusammenarbeit war.

In ihrem Geist glaubt Frau Bieber, dass die anderen Bewohner des Heims Teil ihres Drehstabes sind. Sie sieht sie nicht als hilfsbedürftige Menschen, sondern als Schauspieler*innen, mit denen sie an einem neuen großen Filmprojekt arbeitet. In diesen klaren Momenten, in denen die Demenz für einen kurzen Augenblick in den Hintergrund tritt, beginnt sie, die Geschichten und Charaktere zu organisieren. „Wir müssen jetzt die Szene drehen!", ruft sie manchmal aufgeregt und gibt dabei Anweisungen, während die anderen Bewohner verwundert schauen. Für sie ist das kein Pflegeheim, sondern das Set eines Filmes, das darauf wartet, verwirklicht zu werden.

Diese fantasievollen Ausbrüche zeigen, wie sehr sie an ihre früheren Erfahrungen im Filmbusiness gebunden ist und wie stark ihr Bedürfnis nach Kreativität und Sinn weiterhin ist.

Frau Bieber hat jedoch auch Momente der Klarheit, in denen sie realisiert, dass sie in einem Pflegeheim ist. Diese Augenblicke sind oft schmerzhaft. Der Wunsch, das Heim zu verlassen und in die Welt zurückzukehren, ist überwältigend. Sie steht dann oft auf dem Balkon des Hauses, der ihr eine begrenzte Sicht auf die Außenwelt bietet. Dort ruft sie laut nach ihrem Namen und fleht darum, dass jemand sie „herausgeholt" soll – nicht nur aus dem Pflegeheim, sondern aus der Realität, die ihr genommen wurde. Diese Schreie sind nicht nur ein Ausdruck ihrer Verzweiflung, sondern auch eine tiefe Sehnsucht nach Freiheit und Selbstbestimmung.

In solchen Momenten wird ihr Verlust überdeutlich – der Verlust von Autonomie, der Verlust ihrer kreativen Welt und der Verlust von Menschen, die ihr nahe standen. Das Pflegepersonal versucht, sie zu beruhigen, ihr Trost zu spenden und sie abzulenken, doch die Rufe hallen oft durch die Gänge der Einrichtung.

Die andere Bewohnerinnen und Bewohner haben, jede auf ihre Weise, ähnliche Kämpfe. Es entstehen kleine Gemeinschaften, die sich gegenseitig stützen. Frau Bieber findet Trost und Verständnis in diesen Begegnungen, selbst wenn sie sie nicht immer bewusst wahrnimmt. Manchmal sitzen sie zusammen und erzählen Geschichten aus der Vergangenheit, die oft in den Wirren der

Demenz verloren gehen. Sie gibt ihr Wissen über Filme und Schauspieler*innen weiter, als ob sie immer noch eine Produzentin ist, die ihre Crew zusammenruft. Ihr Lächeln erhellt den Raum, wenn sie Geschichten von berühmten Filmdrehs erzählt oder von lustigen Pannen berichtet, die während der Dreharbeiten passiert sind. Auch wenn nicht jeder in der Lage ist, sie vollständig zu verstehen, strahlt ihr Enthusiasmus ansteckende Energie aus, und einige andere Bewohner beginnen, sich ebenfalls an ihre eigenen Erinnerungen zu klammern.

Frau Bieber steht symptomatisch für viele ältere Menschen, die mit den Herausforderungen des Alters und der Demenz kämpfen. Ihre starke Persönlichkeit und die Verbindung zu ihrer Vergangenheit geben ihr Kraft, die Widrigkeiten des Lebens anzunehmen und zu versuchen, weiterhin Einfluss auf die Welt um sie herum zu nehmen. Während sie in einem Pflegeheim lebt, in dem sie sich oft gefangen fühlt, ist ihre Seele nicht gebrochen. Sie ist eine kreative Kraft, die niemals ganz auslöschen kann und deren Erinnerungen, Träume und Wünsche immer noch lebendig sind. Sich den Herausforderungen des Alterns und der Demenz zu stellen, ist eine enorme geistige und emotionale Reise, die viele alte Menschen machen müssen.

Frau Bieber zeigt uns, dass trotz aller Widrigkeiten die Liebe zur Kreativität und die Erinnerungen an ein erfülltes Leben nie ganz verloren gehen. Und obwohl sie hin und wieder nach Hilfe ruft, um aus ihrem vermeintlichen Gefängnis zu entkommen, bleibt sie eine inspirierende Figur, deren Lebenstestament uns alle betrifft.

Ein Tag im Leben von Gerda

Gerda ist 94 Jahre alt und lebt seit einigen Jahren in einem Seniorenheim. Ihre Tage sind geprägt von einem ruhigen Rhythmus, einer Routine, die ihr ein Gefühl von Sicherheit und Geborgenheit gibt. Der Tagesraum, in dem sie sitzt, ist der zentrale Ort ihres Lebens in der Einrichtung. Hier hat sie ihren festen Platz – ein bequemer Sessel, der zum Fenster zeigt. Von dort aus kann sie die Bewegungen des Pflegepersonals und der anderen Bewohner beobachten, während sie von der Sonne geküsst wird.

Ihre Tochter besucht sie regelmäßig. Diese Besuche sind für Gerda wie ein Festtag. Sie freuen sich jedes Mal darauf, Zeit miteinander zu verbringen, Geschichten zu erzählen und gemeinsam zu lachen. Oft bringt die Tochter eine Flasche Wein oder Sekt mit, was für Gerda immer ein besonderes Vergnügen ist. „Ein Gläschen in Ehren kann niemand verwehren", pflegt sie zu sagen, während sie auf den Genuss anstößt. Manchmal bringen sie auch alte Lieder aus Gerdas Jugend mit, und sie singen zusammen. Ihre Stimme mag schwach geworden sein, doch die Melodien kommen in voller Pracht zurück, als ob die Zeit stillgestanden hätte.

Gerda hat ein gutes Allgemeinwissen, das über die Jahre hinweg gewachsen ist. Sie erinnert sich lebhaft an historische Ereignisse, die sie in ihrer Jugend erlebt hat, und erzählt gerne Anekdoten über die Welt, wie sie früher war. Trotz ihrer

Demenz, die ihr Gedächtnis eingeschränkt hat, blitzen manchmal die alten Erinnerungen hervor, und sie kann über die Dinge sprechen, die ihr am Herzen liegen. Es sind diese kostbaren Momente, die sowohl sie als auch ihre Tochter erfüllen. Die Teilnahme an sportlichen Aktivitäten ist nicht gerade Gerdas Stärke. Oft schüttelt sie nur den Kopf, wenn der Betreuer des Wohnbereiches, John, die Bewohner zu einer Runde Gymnastik oder zu einem Spaziergang animiert.

Sie zieht es vor, sich an ihrem Platz zu entspannen, während sie den anderen beim Sport zusieht. John hat ein offenes Ohr für die Älteren und weiß, dass nicht jeder die gleiche Begeisterung für Bewegung hat. Er respektiert Gerdas Ruhe und bietet ihr stattdessen an, beim Gedächtnistraining mitzumachen, das wöchentlich stattfindet. Dieses Gedächtnistraining ist für Gerda ein Lichtblick in der Woche. Es gibt ihr die Möglichkeit, ihre Gedanken zu sammeln und das, was sie noch weiß, spielerisch einzusetzen. John führt die Übungen mit viel Empathie durch und sorgt dafür, dass sich alle wohlfühlen. Gerda genießt es, ihre Erinnerungen an Orte, Menschen und Geschehnisse zu teilen. Die Gruppe ist klein, und die Atmosphäre ist stets von Verständnis und Unterstützung geprägt. In John sieht Gerda eine vertraute Figur – fast so etwas wie einen Mann in ihrem Leben, obwohl sie nie verheiratet war. Wenn sie ihn ansieht, lächelt sie, und manchmal sagt sie leise: „Du bist wie ein Sohn für mich." John hat in den letzten Jahren viel dazu beigetragen, dass sie sich wohl und sicher fühlt. Er hat eine sanfte Art, die es den Bewohnern erleichtert, Vertrauen zu ihm aufzubauen. Gerda vertraut ihm, und das ist nicht selbstverständlich für jemanden, der mit dem Verlust von Erinnerungen kämpft.

Die Ruhe, die in Gerdas Leben eingekehrt ist, hat eine eigenartige Schönheit. In dieser Stille findet sie Frieden. Oft schließt sie die Augen und hört den leisen Klang der Natur, der durch das offene Fenster hereinkommt. Vögel zwitschern, und ab und zu klingt das Lachen anderer Bewohner. Diese einfachen Geräusche geben ihr ein Gefühl von Zugehörigkeit und Geborgenheit. Während andere vielleicht die Vorzüge eines aktiven Lebens vermissen, hat Gerda gelernt, die kleinen Freuden des Alters zu schätzen.

Wenn der Tag sich dem Ende neigt, und das Licht durch das Fenster sanft golden leuchtet, lauscht sie oft den Geschichten, die ihre Mitbewohner erzählen. Dabei ist es nicht selten, dass sie selbst aufsteht, um eine eigene Geschichte beizutragen, die sie gerade wiederentdeckt hat. Oftmals geschieht dies nicht ohne ein Schmunzeln, wenn sie merkt, dass sie sich an Details erinnert, die sie sicher schon einmal erzählt hatte. Doch das stört sie nicht – im Gegenteil, es gibt ihr ein Gefühl des Triumphs.

Die Abende enden häufig mit einem Glas Wein oder Sekt, das sie mit ihrer Tochter genießt. Sie stoßen an auf die schönen Zeiten, auf die Liebe und auf die starken Erinnerungen. „Auf die

Vergangenheit und die Zukunft", sagt die Tochter, während sie in Gerdas Augen sieht, die voller Wärme und Weisheit strahlen. Gerda nickt und fügt hinzu: „Das Leben ist schön, solange wir es teilen." So verbringt Gerda ihre Tage im Seniorenheim, eingebettet in die Wärme familiärer Bindungen und die Fürsorge von John und dem Pflegepersonal.

Sie hat gelernt, dass die alten Wunden heilen können und dass die Liebe, die dich umgibt, alles erträglicher macht. Ein Leben in der Stille, erfüllt mit Gesang und der Freude des Zusammenseins, ist für sie das größte Geschenk. Jeder Tag ist ein neuer Anlass, um die kleinen Freuden zu zelebrieren – sei es ein Lied, ein Glas Wein oder einfach die Anwesenheit geliebter Menschen. So wird jeder Moment kostbar, und Gerda genießt die Reise durch das Alter, umgeben von Erinnerungen und Menschen, die sie schätzen. Und inmitten all dessen blüht die Hoffnung, dass das Licht ihrer Erinnerungen weiterhin erstrahlt, selbst wenn die Schatten der Demenz sich über ihrer Seele legen.

Kati – Ein Weg in die Pflege

Kati ist 18 Jahre alt und steht am Anfang einer bedeutenden Reise in ihr berufliches Leben. Nach dem Abitur hat sie sich entschieden, eine Ausbildung zur Pflegefachkraft zu machen, um im Seniorenheim zu arbeiten. Diese Entscheidung mag für viele wie ein unüberlegter Schritt erscheinen, doch Kati hat eine ganz persönliche Geschichte, die ihren Entschluss prägt.

Vor einigen Monaten absolvierte sie ein Praktikum im Seniorenheim, und während dieser Zeit erlebte sie eine Achterbahn der Gefühle. Zu Beginn hatte sie große Berührungsängste, als sie die Senioren zum ersten Mal begegnete. Sie war unsicher und wollte eigentlich nur beobachten, wie die Pflegekräfte mit den Bewohnern umgingen. Doch schnell wurde ihr klar, dass hinter den Fassade von alten Gesichtern und gebrechlichen Körpern ganz besondere Menschen steckten. Die Bewohner wurden ihr ans Herz gewachsen, und sie konnte sich ein Leben ohne ihre Geschichten, ihre Lächeln und ihre tiefen Blicke nicht mehr vorstellen.

Die Arbeit im Seniorenheim ist stressig und anstrengend. An manchen Tagen sind die Herausforderungen fast überwältigend. Wenn ein Bewohner stirbt, trifft es Kati besonders hart. Diese Verlustängste lassen sie manchmal zweifeln, ob sie die richtige Berufswahl getroffen hat. Es ist schwer für sie zu begreifen, dass sie nur eine kurze Zeit mit diesen wunderbaren Menschen verbringen kann. Ihre starke Empathie macht diese Momente noch schmerzhafter, da sie tief mit den Gefühlen der Bewohner und deren Angehörigen verbunden ist.

Trotz dieser schwierigen Aspekte gibt Kati nicht auf. Sie weiß, dass ihre Berufung darin liegt, anderen Menschen zu helfen. In den Augen der Bewohner sieht sie nicht nur das Alter, sondern auch die Lebenserfahrungen, die Weisheit und die Geschichten, die sie zu erzählen haben. Oftmals ist es die Dankbarkeit, mit der die Bewohner sie empfangen, die ihr Kraft gibt. An Tagen, an denen wenig Personal da ist, wird es besonders herausfordernd. Kati merkt, dass die Bewohner trotz der langen Wartezeiten und mancher Mängel weiterhin auf sie zählen. Es ist bewundernswert, wie viel Verständnis sie entgegenbringen, selbst wenn die Pflege manchmal länger dauert.

Besonders in der hektischen Zeit, in der die Anfragen überhandnehmen, hat Kati gelernt, Prioritäten zu setzen. Auch wenn die Arbeit oft eine Herausforderung darstellt, wird sie durch das Team am Wohnbereich gestärkt. Die anderen Pfleger, Pflegehelfer und auch das Betreuungspersonal unterstützen sie tatkräftig. Gemeinsam schaffen sie es auch in stressigen Momenten eine positive Atmosphäre zu bewahren. Der enge Kontakt und das gegenseitige

Verständnis innerhalb des Teams geben Kati das Gefühl, dass sie nicht allein ist.

Die Rückmeldungen der Bewohner sind für Kati unbezahlbar. Mit jedem Lächeln, jedem dankbaren Blick und jeder kleinen Geste wächst ihr Selbstvertrauen. Sie spürt, dass ihre Arbeit Sinn macht und dass sie einen Unterschied im Leben anderer Menschen bewirken kann. Diese Momente bestärken sie in ihrem Vorhaben, den Weg in die Pflege zu gehen, auch wenn nicht jeder Tag einfach ist. Es gibt Tage, an denen sie an sich selbst zweifelt und sich fragt, ob sie wirklich stark genug ist, um diesen Beruf auszuüben. Doch dann kommen die Erinnerungen an die vielen schönen Momente zurück – die Geschichten, das Lachen und die herzlichen Gespräche mit den Bewohnern.

Sie hat in den letzten Monaten eine enge Bindung zu den Senioren aufgebaut. Sie weiß, dass sie ihnen nicht nur körperlich helfen kann, sondern auch emotional für sie da sein will. Kati nimmt sich die Zeit, die Bewohner zu verstehen, mit ihnen zu reden, sie zu trösten und ihnen zuzuhören. Diese zwischenmenschlichen Beziehungen sind es, die ihre Arbeit so besonders machen.

In verschiedenen Situationen hat Kati gelernt, mit Stress umzugehen. Sie kennt die Strategien, um sich nach einem langen Arbeitstag zu regenerieren. Manchmal geht sie nach der Schicht mit Freunden essen oder trifft sich mit ihrer

Familie, um darüber zu sprechen, was sie bewegt. Es ist wichtig für sie, sich einen Ausgleich zu schaffen und Raum für ihre eigenen Gefühle zu finden, damit sie auch weiterhin für die Bewohner da sein kann.

Das Seniorenheim ist für sie mittlerweile wie ein zweites Zuhause geworden. Sie weiß, dass sie dort nicht nur eine Ausbildung machen darf, sondern Teil einer Gemeinschaft ist. Die Unterstützung von ihren Kollegen und die Dankbarkeit der Bewohner motivieren sie, weiterzumachen. Kati hat sich einen Traum erfüllt: Sie möchte die Pflege zu ihrer Berufung machen und eines Tages vielleicht selbst die Leitung eines Wohnbereichs übernehmen, um die Qualität der Pflege weiter zu verbessern.

Ein weiterer Aspekt, den Kati in ihrer Praxis gelernt hat, ist der Umgang mit Angehörigen der Bewohner. Oft stehen diese unter großem Druck und sind besorgt um das Wohl ihrer Lieben. Kati hat gelernt, wie wichtig es ist, auch ihnen verständnisvoll und empathisch zu begegnen. Sie fühlt sich oft in der Position, Trost zu spenden und den Angehörigen zu erklären, was gerade passiert. Diese zusätzliche Verantwortung schweißt sie nicht nur mit den Bewohnern, sondern auch mit den Familien zusammen.

Wenn sie an die Zukunft denkt, hat Kati viele Ideen und Ziele. Durch ihre Ausbildung möchte sie sich ständig weiterentwickeln und zusätzliche Qualifikationen erwerben. Sie träumt davon, spezielle Schulungen im Bereich der Demenzpflege zu absolvieren, um den Bewohnern bei dieser herausfordernden Erkrankung besser zur Seite stehen zu können. Kati ist überzeugt, dass sie durch Fortbildung und Spezialisierung noch mehr bewirken kann.

Zusammenfassend ist Katis Weg kein einfacher, aber er ist bereichernd und voller Herausforderungen, an denen sie wächst. Ihre Entscheidung, im Seniorenheim zu arbeiten, war genau richtig. Auch wenn es dunkle Momente gibt, die Tränen und das Mitgefühl erfordern, gibt es ebenso viele Lichtblicke, die das Herz erwärmen.

Schließlich ist es die Liebe zu den Bewohnern, die sie antreibt, und die Gewissheit, dass sie einen Unterschied machen kann. Kati hat erkannt, dass Pflege mehr ist als nur ein Beruf – es ist ein Lebensweg, der sie befähigt, Teil eines wertvollen Prozesses zu sein. Sie freut sich auf die kommenden Erfahrungen und darauf, möglicherweise noch vielen mehr Bewohnern Freude und Unterstützung zu bringen.

Ein Leben voller Farben und Melodien

Rolf ist 88 Jahre alt und lebt im Seniorenheim . Hier hat er ein neues Zuhause gefunden, nach einem langen und erfüllten Leben, das ihn stets mit der Natur und den Menschen um ihn herum verbunden hat. Früher war er Gärtner – ein Beruf, der seine Liebe zur Natur widerspiegelt und ihn mit unzähligen Erinnerungen an die Zeit mit seiner geliebten Frau Maria erfüllt. Gemeinsam haben sie oft in ihrem Garten gearbeitet und die Früchte ihrer Arbeit genossen. Besonders das Herstellen von Marmelade, eine Tradition, die sie Jahr für Jahr zelebrierten, wird ihm immer in Erinnerung bleiben. Der süße Duft von frischen Erdbeeren und Himbeeren verbindet sich in seinen Erinnerungen mit den warmen Sommernachmittagen, die sie Seite an Seite verbrachten.

Maria lebte nicht mehr. Der Verlust war für Rolf wie ein schmerzhafter Schnitt in sein Herz, doch die Erinnerungen an sie lassen ihn nicht im Stich. Sie sind ein Teil seines Alltags, der ihn begleitet und ihn in schwierigen Momenten stärkt. Rolf spricht oft über sie, ihre gemeinsamen Erlebnisse und die Liebe, die sie geteilt haben. Manchmal, wenn die Traurigkeit zu groß wird, zieht er sich in seinen Raum zurück. Dort findet er Ruhe und kann die schönen Zeiten in Gedanken noch einmal erleben.

Im Garten des Seniorenhauses hilft Rolf oft mit. Seine Hände sind zwar nicht mehr so flink wie früher, doch sein Wissen über Pflanzen ist unübertroffen. Wenn er durch die Beete geht, kann er jede Pflanze benennen und erzählt den anderen Bewohnern, wie sie gepflegt werden kann. Er liebt es, über die verschiedenen Blumen und Sträucher zu plaudern, während die Sonne auf sein graues Haar scheint. Es ist, als würde er mit den Pflanzen sprechen, als wäre er ihr vertrauter Freund. Seine Augen leuchten, wenn er ihnen von dem kleinen Gemüsebeet erzählt, das er vor vielen Jahren angelegt hat, und er kann sich auch genau erinnern, welche Sorten er dort gezüchtet hat.

Aber Rolfs Leidenschaft endet nicht nur beim Gärtnern. Im Seniorenheim gibt es auch einen Chor, geleitet von der Musiktherapeutin Betti, die mit viel Herzblut und Hingabe arbeitet. Rolf hat schnell Freude am Singen gefunden und kommt jede Woche gerne zu den Proben. Es ist eine Art von Gemeinschaft, die ihn aufblühen lässt. Die Musik bringt Schwung in sein Leben, und er fühlt sich durch die rhythmischen Klänge zusammen mit den anderen Bewohnern lebendig. Das gemeinsame Singen schafft eine Verbindung zwischen den Menschen, die oft erstaunt sind über Rolfs Gesangsstimme – sie ist kräftig und herzlich, ganz so, als ob er sein ganzes Leben in Chören gesungen hätte.

Es gibt Tage, an denen Rolf einfach tanzen möchte. Wenn die Musik den Raum erfüllt und ihn zu den Melodien ruft, kann er nicht anders. Oft sieht man ihn in der Cafeteria, wo er aufsteht und beginnt, sich zur Musik zu bewegen. Die anderen Bewohner lächeln, einige klatschen sogar im Takt mit. Es ist ein Anblick, der Freude ausstrahlt und ein Lächeln auf die Gesichter der Menschen zaubert. In diesen Momenten, in denen er die Sorgen des Lebens vergisst und in den Rhythmus eintaucht, zeigt sich Rolfs wahre Lebensfreude. Er hat die Fähigkeit, die Menschen um ihn herum zu inspirieren. Sein Lächeln und die Melodien seiner Tänze lassen den Alltag für einen kurzen Augenblick vergessen.

Trotz der fröhlichen Momente benötigt Rolf auch seine Ruhephasen. Die neue Umgebung und die Veränderungen in seinem Leben können manchmal überwältigend sein. Daher weiß er, wann es Zeit ist, sich in sein Zimmer zurückzuziehen. Dort genießt er es, in alten Fotoalben zu blättern oder einfach aus dem Fenster zu schauen und die Vögel zu beobachten. Diese kleinen Momente der Stille sind für ihn kostbar, und während er allein ist, kann er seine Gedanken ordnen und die Erinnerungen an vergangene Zeiten bewahren.

In der Gemeinschaft des Seniorenheims blüht Rolf richtig auf. Sein freundlicher Charakter und seine positive Einstellung machen ihn zu einem beliebten Bewohner. Niemals hat er ein böses Wort für jemanden übrig. Wenn jemand Hilfe braucht, ist er immer zur Stelle, um freundlich anzubieten, was er kann – sei es ein Lächeln, ein Gespräch oder einfach nur ein offenes Ohr. Diese Warmherzigkeit tut allen gut und fördert den Zusammenhalt unter den Bewohnern.

Allerdings hat Rolf auch mit den Herausforderungen des Alters zu kämpfen. Seine leichte Demenz sorgt manchmal dafür, dass er nicht mehr genau weiß, wann und wo er etwas zu essen bekommt. Doch die Mitarbeiter des Seniorenheims sind sehr verständnisvoll und geduldig. Ihnen ist bewusst, dass Rolf in diesen Momenten Unterstützung benötigt, und sie kümmern sich rührend um ihn. Das Team hat einen besonderen Platz in Rolfs Herz, denn sie geben ihm ein Gefühl von Sicherheit und Geborgenheit. Sie sind seine kleinen Engel, die täglich darauf achten, dass es ihm gut geht.

Die Tage vergeht in einem angenehmen Rhythmus. Morgens gibt es ein gemeinsames Frühstück, gefolgt von verschiedenen Aktivitäten, bei denen sich die Bewohner miteinander austauschen können. Das Nachmittagsprogramm umfasst oft Gartenarbeit, Singen im Chor oder einfach nur gemütliches Beisammensein. Rolf liebt es, Teil dieser Gemeinschaft zu sein; es gibt ihm das Gefühl, gebraucht zu werden. Auch die Gespräche mit den anderen Bewohnern bereichern sein Leben. Hin und wieder gibt es Spieleabende, an denen alle teilnehmen können – diese Zeiten sind besonders lebhaft und voller

Lachen.

Auch wenn nicht jeder Tag einfach ist, und Rolf hin und wieder mit verwirrenden Gedanken kämpft, herrscht im Seniorenheim ein Geist der Solidarität und des Miteinanders. Die Erinnerungen an seine Frau und die schönen Zeiten mit ihr geben ihm Kraft. Während er durch die Gänge des Heims geht, hört er oft die Klänge des Chors, sieht andere Bewohner fröhlich tanzen oder sich an ihren Tischen unterhalten. In diesen Augenblicken merkt er, dass er nicht allein ist. Die Musik, das Lächeln und die Zuneigung, die er erhält, sind wie Sonnenstrahlen, die sein Herz erwärmen.

Rolf hat gelernt, das Beste aus seiner Situation zu machen. Mit jedem Lächeln, jedem Lied und jedem Tänzchen teilt er seine Lebensfreude mit anderen. Die Farben des Gartens spiegeln die Farben seiner Erinnerungen wider, und in der Gemeinschaft hat er einen neuen Lebensinhalt gefunden. An den schwierigeren Tagen weiß er, dass er nicht alleine ist und dass ihm immer geholfen wird. So lebt Rolf sein Leben, umgeben von Liebe, Musik und den vielen kleinen Wundern des Alltags – und das macht ihn glücklich.

Weihnachtsfeier

Die Vorfreude auf die diesjährigen Weihnachtsfeiern im Seniorenheim war in der Luft zu spüren. An zwei festlichen Tagen wurden die Bewohner des Hauses, ihre Angehörigen und das gesamte Personal zu einem unvergesslichen Fest eingeladen. Die Veranstaltungsorte waren das einladende Restaurant des Hauses, wo eine warme und feierliche Atmosphäre herrschte.

Am ersten Tag versammelten sich die Bewohner der Wohnbereiche 1 und 2 – insgesamt etwa 60 Personen – um gemeinsam die besinnliche Zeit zu feiern. Der zweite Tag gehörte den Wohnbereichen 3 und 4, die ebenfalls zahlreiche Bewohner mit ihren Angehörigen willkommen hießen, insgesamt etwa 45 Teilnehmer. Die festlich dekorierten Tische waren mit hübschen Tischdecken, Kerzen und weihnachtlichen Arrangements geschmückt, was sofort für eine stimmungsvolle Umgebung sorgte. Dumme Witze über das letzte Mal, als alle zusammen gefeiert hatten, schwirrten durch den Raum und ließen die Gesichter der Anwesenden strahlen.

Die Küche des Seniorenheims hatte sich einmal mehr selbst übertroffen. Die köstlichen Gerüche von frisch gebackenem Kuchen und aromatischem Kaffee lagen in der Luft. Eine Auswahl an verschiedenen Kuchenspezialitäten – von saftigen Obstkuchen bis hin zu schokoladigen Leckereien –

sorgte dafür, dass jeder Bewohner etwas nach seinem Geschmack fand. Das Abendbrot war ein weiterer Höhepunkt: Herzhaft belegte Brote, warme Speisen und eine Vielzahl bunter Salate erfreuten die Gaumen der Anwesenden.

Die Mitarbeiter der Küche hatten mit viel Liebe und Hingabe ein Menü kreiert, das nicht nur sättigte, sondern auch zum Genießen einlud. Jeder Bissen erinnerte die Bewohner an die schönen Feiertage vergangener Jahre und erzeugte eine geborgene Atmosphäre, die zum Verweilen einlud.

Zu einem gelungenen Weihnachtsfest gehört natürlich auch die passende Musik. Live-Darbietungen von talentierten Musikern erhellten den Raum und luden zum Mitsingen ein. Bekannte Weihnachtsmelodien, die einstige Lieblingslieder vieler Bewohner, wurden zum Besten gegeben und fanden großen Anklang. Ob es nun „Oh Tannenbaum" oder „Stille Nacht" war – die Stimmen der Bewohner mischten sich harmonisch mit den Klängen der Musik und schufen eine herzliche Gemeinschaft, die schon lange nicht mehr zu spüren gewesen war.

Die Lebensfreude der Senioren war spürbar; die Musik brachte Erinnerungen zurück, und die Lieder wurden mit viel Enthusiasmus mitgesungen. Man konnte die Freude und den Zusammenhalt in jeder Ecke des Raumes spüren.

Ein weiteres Highlight der Feier war die großzügige Spende einer großen Supermarktkette, die es sich zur Aufgabe gemacht hatte, für jeden Bewohner ein persönliches Geschenk bereitzustellen. Die Vorfreude auf die Bescherung war groß, und es stellte sich die Frage, was wohl im Geschenkesack des Weihnachtsmannes stecken würde.

Um die Geschenke zu verteilen, trat eine Pflegekraft als Engel verkleidet auf – mit Flügeln, goldener Robe und einem strahlenden Lächeln. Sie brachte nicht nur die Geschenke, sondern auch einen Hauch von Magie und Freude in den Raum. Jedes Geschenk wurde mit liebevollen Worten überreicht – die leuchtenden Augen der Bewohner waren unbezahlbar. Für viele war es ein Augenblick, der die Dunkelheit der Einsamkeit vertreiben konnte und ein Gefühl von Geborgenheit und Verbundenheit schuf.

Diese besondere Weihnachtsfeier war mehr als nur ein Fest; sie brachte die Gemeinschaft enger zusammen. Die Gespräche zwischen den Bewohnern, die herzlichen Umarmungen und das Lachen der Angehörigen schufen eine warme und einladende Atmosphäre. Die Zeit der Einsamkeit schien für einen Moment vergessen, während man gemeinsam die besinnliche Zeit genoss.

Am Ende der Feierlichkeiten gab es viel Dankbarkeit und Anerkennung für all die Helfer, die diese wunderschöne Veranstaltung ermöglicht hatten. Die Mitarbeitenden des Seniorenheims arbeiteten unermüdlich, um sicherzustellen, dass alles reibungslos verlief. Ihr Engagement und die Leidenschaft für die Bewohner waren deutlich spürbar, sodass die Feiern ein voller Erfolg wurden.

Es kann gesagt werden, dass die Weihnachtsfeier im Seniorenheim ein unvergessliches Erlebnis war. Von köstlichem Essen über fesselnde Musik bis hin zu den strahlenden Gesichtern der Bewohner und dem persönlichen Geschenk für jeden Einzelnen – alles trug zur besonderen Stimmung bei. Diese Tage schafften nicht nur Erinnerungen, sondern stärken auch die Gemeinschaft und das Gefühl der Zugehörigkeit.

In einer Zeit, in der viele Menschen sich einsam fühlen, ist es wichtig, solche Gelegenheiten zu schaffen, um die Herzen zu verbinden und Freude zu verbreiten. So wurde das Weihnachtsfest nicht nur zu einem festlichen Ereignis, sondern zu einem Symbol für Zusammenhalt und Nächstenliebe im Seniorenheim, das noch lange in den Erinnerungen der Beteiligten bleiben wird.

Ein neuer Anfang

Es war ein milder Septembermorgen, als Florentiene mit einer Mischung aus Nervosität und Neugier in das Seniorenheim eintrat. Sie war 78 Jahre alt und die letzten Monate waren für sie alles andere als einfach gewesen. Ein schmerzhafter Oberschenkelhalsbruch hatte sie aus dem Gleichgewicht gebracht und sie in den Rollstuhl gezwungen. Doch trotz dieser Herausforderungen blühte in ihr eine ungebrochene Lebensfreude, die sie nicht verlieren wollte.

Im Heim stellte Florentiene schnell fest, dass sie nicht allein war. In der Eingangshalle begegnete sie Alma, einer aufgeschlossenen 85-Jährigen mit einem ansteckenden Lachen, und Minna, die mit ihren 77 Jahren ein ruhigeres Gemüt hatte, jedoch ebenso viel Lebensklugheit ausstrahlte. Die drei Frauen verstanden sich auf Anhieb und fanden schnell gemeinsame Gesprächsthemen. Oft standen sie auf dem Flur des Heims, plauderten über vergangene Zeiten und teilten ihre Träume und Ängste miteinander.

„Weißt du, ich habe immer gerne getanzt", erzählte Florentiene eines Tages während eines Teekränzchens. Ihre Augen leuchteten bei dem Gedanken an ihre früheren Tänze, an nächtelange Bälle und die Musik, die durch ihre Adern geflossen war. Alma nickte verständnisvoll. „Ich auch! Tanzen bringt einen zum Strahlen. Aber wir müssen es nicht aufgeben – auch im Rollstuhl kann man Freude haben."

Die ersten Wochen verliefen in gewohnten Bahnen, aber Florentienes Gedanken kreisten oft um das Tanzen. Es tat ihr weh, körperlich eingeschränkt zu sein, doch der soziale Kontakt zu Alma und Minna hielt ihren Geist lebendig. Schließlich wurde das Seniorenheim von einem Tanzabend gehört, der gelegentlich stattfand. Florentiene zögerte, wollte jedoch unbedingt dabei sein, um das Gefühl der Musik und des Tanzes wieder zu erleben.

Beim Tanzabend war das Restaurant bunt geschmückt, die Musik spielte laut und ein junger Mann vom begleitenden Dienst, John, bot seine Hilfe an. „Möchten Sie tanzen, Florentiene?" fragte er mit einem warmem Lächeln. Zuerst war sie zögerlich. Der Gedanke, im Rollstuhl zu tanzen, erschien ihr merkwürdig. Doch als die ersten Klänge erklingen und die anderen Bewohner auf die Tanzfläche strömten, spürte sie ein Kribbeln in sich. „Warum nicht?" dachte sie und nickte zustimmend.

John nahm ihren Rollstuhl und bewegte ihn sanft im Rhythmus der Musik. Florentiene begann zu lachen, als sie den Takt spürte und die Freiheit des Moments genoss. Das Lachen der anderen Bewohner, die auf der Tanzfläche wirbelten, erfüllte sie mit Energie. Für diese paar Minuten fühlte sie sich nicht wie eine Frau im Rollstuhl, sondern wie die Tänzerin, die sie immer gewesen war.

Nach diesem Abend setzte Florentiene sich ein neues Ziel: Sie wollte wieder laufen lernen. Mit der Unterstützung von Alma und Minna sowie den Therapeuten im Heim begann sie, regelmäßig mit dem Rollator zu üben. Zunächst waren es nur ein paar Schritte am Tag, aber mit jedem Erfolg wuchs ihr Selbstvertrauen. Die gefühlte Schwere des Rollstuhls schwand allmählich, und sie begann, das Aufstehen und das Gehen mehr und mehr zu genießen.

Monate vergingen und das Training zahlte sich aus. Schließlich ging Florentiene bei einem weiteren Tanzabend im Heim auf die Tanzfläche – dieses Mal ohne Rollstuhl. Mit dem Rollator in einer Hand und dem anderen Arm um John gelegt, tanzte sie wieder. Es war kein klassischer Tanz, aber die Freude daran war unbeschreiblich. „Ich kann wieder tanzen!", rief sie voller Glück, während sie sich im Kreis drehte. Ihr Herz schlug im Takt der Musik und sie fühlte sich frei.

Alma und Minna standen am Rande der Tanzfläche und klatschten begeistert. „Du bist eine wahre Tänzerin, Florentiene!", rief Alma. „Egal wo du bist oder was dir widerfahren ist, das Leben findet stets seinen Weg zurück!" Solche Momente stärkten ihre Freundschaft und schufen eine unerschütterliche Bindung zwischen den drei Frauen.

Wie sehr sie es genossen, ihren Kindern beim Besuch im Heim zu erzählen, wie sie wieder tanzen konnte. Florentiene blitzte vor Stolz, wenn sie ihren Enkelkindern vorführte, wie sie mit dem Rollator tanzte und schließlich auch wieder ohne ihn. Die regelmäßigen Besuche ihrer Kinder gaben ihrem Leben Stabilität und Freude. Jedes Lächeln, jede Umarmung fühlte sich wie ein Geschenk an, und sie war dankbar für die Familie, die sie hatte und für die neuen Freunde, die sie gewonnen hatte.

Nach und nach erkannte Florentiene, dass das Seniorenheim nicht nur ein Ort der Pflege, sondern ein Raum der Möglichkeiten geworden war. Ihre Tage waren erfüllt von Gesprächen, Spielen und Tanz. Die Welt drehte sich weiter. Auch wenn ihr Körper verletzt war, war ihr Geist unermüdlich.

Ihr Lächeln war ansteckend, und nach einigen Monaten war sie die erste, die zum Tanzen aufforderte, egal ob im Rollstuhl oder auf eigenen Beinen. „Lasst uns leben! Lasst uns tanzen!", rief sie im Einklang mit ihren neuen Freundinnen und machte es sich zur Aufgabe, auch andere Bewohner mitzuziehen. Musik hatte die Kraft, die Zeit zu überbrücken und die Herzen zu verbinden.

Der Rollstuhl hatte sie nicht gebrochen; er hatte ihr

eine neue Perspektive gegeben. Mit jedem Tag, an dem Florentiene im Heim verweilte, entdeckte sie neue Facetten des Lebens, die sie zuvor vielleicht übersehen hatte. Und sie wollte sie alle erleben, mit einem Lachen auf den Lippen und der Musik im Herzen – zusammen mit Alma, Minna und all ihren neuen Freunden.

In diesem Gedanken begriff Florentiene, dass es nie zu spät war, einen Neuanfang zu wagen. Sie war bereit, die nächsten Schritte zu tanzen und das Leben in vollen Zügen zu genießen, egal in welcher Form es sie erreichte. Und während die Musik weitertönte und die Lichter im Raum funkelten, wusste sie genau: Das Beste kam erst noch.

Julis besondere Bindung zu den Bewohnern

Juliane, von allen nur Juli genannt, ist sechzehn Jahre alt und Schülerin an einer Realschule. Wenn sie nicht gerade für die Schule lernt oder mit Freunden unterwegs ist, verbringt sie ihre Zeit im Seniorenheim, wo sie ein Praktikum im begleitenden Dienst macht. Dieses Praktikum ist mehr als nur eine Pflichtübung für Juli – es ist zu einer Herzensangelegenheit geworden.

Von Anfang an war Juli von der warmen Atmosphäre des Heims begeistert. Die Bewohner sind nicht nur ältere Menschen für sie, sondern Geschichten, Erfahrungen und viel Lebensfreude in einem Alter, in dem viele sich oft allein fühlen. Juli ist bemerkenswert offen und hat keine Berührungsängste. Egal ob es um einen kurzen Plausch im Flur oder um das Helfen bei alltäglichen Aufgaben geht – sie begegnet jedem mit einem Lächeln und einem ehrlichen Interesse.

Besonders eine Dame aus dem Demenzbereich hat es Juli angetan: Frau Müller. Die ältere Dame hat das Herz der jungen Praktikantin im Sturm erobert. Frau Müller ist oft in ihrer eigenen Welt, aber Juli weiß, wie sie Zugang zu ihr finden kann. Sie umhegt sie mit einer besonderen Zuneigung, die sie kaum jemand anderem im Heim entgegenbringt. Es ist nicht nur die Fürsorge, die Juli zeigt, sondern vielmehr eine tiefe, unverfälschte Verbindung, die auf Respekt und

Empathie basiert.

Juli verbringt viel Zeit mit Frau Müller. Sie holt die alte Dame oft aus ihrem Zimmer, um die frische Luft im Garten zu genießen. Dort sitzen sie auf einer gemütlichen Bank unter einem großen alten Baum, der Schatten spendet und dazu einlädt, die Gedanken schweifen zu lassen. Juli erzählt ihr von ihrem Tag, von der Schule und ihren Freundinnen, während Frau Müller manchmal mit einem sanften Lächeln antwortet oder aus der Vergangenheit berichtet. Diese Momente sind kostbar und für Juli eine Quelle der Freude.

Doch Juli ist nicht nur für Frau Müller da – sie sorgt auch dafür, dass alle anderen Bewohner die Aufmerksamkeit erhalten, die sie verdienen. Das Lackieren der Fingernägel ist eine ihrer beliebtesten Aktivitäten. Jede Dame, die es wünscht, kann sich von Juli verwöhnen lassen. Mit viel Geduld und Geschick trägt sie bunte Farben auf und sorgt dafür, dass jede Frau sich ein bisschen schöner fühlt. Oft entstehen dabei angeregte Gespräche über Mode, Zeiten und Erfahrungen, die die Damen jung gehalten haben.

In den gemeinsamen Stunden gibt es auch viel Raum für Spiele. Juli bringt Bälle mit und spielt mit den Bewohnern im Garten. Der einfache Spaß, Bälle zu kicken oder zu fangen, bringt nicht nur Bewegung, sondern auch Lachen und Freude. Es ist erstaunlich zu sehen, wie die Gesichter der älteren Damen aufblühen, wenn sie mit Juli spielen. Sie vergessen für einen Moment ihre Sorgen und können im Hier und Jetzt sein. Überall hört man fröhliches Lachen und Jubelrufe – ganz besonders, wenn jemand einen besonders guten Schuss landet.

Einen weiteren Höhepunkt ihrer gemeinsamen Zeit bilden die Musikstunden. Juli liebt es zu singen, und sie hat schnell herausgefunden, dass viele Bewohner aus früheren Zeiten eine große Affinität zur Musik haben. Gemeinsam tanzen und singen sie zu alten Melodien, die Erinnerungen wecken. Das Licht in den Augen der alten Damen, wenn sie mitsingen, berührt Juli zutiefst. Es ist, als würde die Musik sie in eine andere Welt versetzen, in der die Sorgen des Alters für einen Augenblick vergessen sind.

Julis Engagement bleibt nicht unbemerkt. Die Angestellten des Seniorenheims sind beeindruckt von ihrer Hingabe und ihrem Einfühlungsvermögen. Sie sehen, wie Juli mit Leichtigkeit Brücken zu den Bewohnern baut, die oft als schwer erreichbar gelten. Ihre Offenheit und ihr liebevoller Umgang verändern die Dynamik im Heim spürbar. Die Bewohner fühlen sich wertgeschätzt und gehört, was zu einer insgesamt besseren Stimmung im Seniorenheim beiträgt.

Doch Juli denkt auch darüber nach, was sie aus dieser Erfahrung für sich selbst mitnimmt. Sie erkennt, dass die Arbeit mit den älteren Menschen sie nicht nur lehrt, geduldig und verständnisvoll zu sein, sondern auch, wie wichtig menschliche Beziehungen sind. In einer Welt voller Hektik und Stress hat sie gelernt, die kleinen Momente zu schätzen und das Leben in seiner Vielfalt zu akzeptieren.

Wenn der Tag zu Ende geht und Juli nach Hause kommt, ist sie oft müde, aber erfüllt. Sie bringt immer eine neue Geschichte mit, sei es von einem fröhlichen Spielnachmittag oder einem bewegenden Gespräch mit Frau Müller. Diese Erlebnisse hinterlassen einen bleibenden Eindruck in ihrem Herzen und inspirieren sie, weiterhin so liebevoll mit Menschen umzugehen, egal in welchem Alter sie sind.

Das Praktikum im Seniorenheim hat Juli nicht nur die Möglichkeit gegeben, wertvolle Fähigkeiten zu erlernen, sondern auch ihr Leben bereichert. Die Begegnungen mit den Bewohnern, insbesondere mit Frau Müller, haben ihre Perspektive auf das Leben verändert. Sie ist dankbar für die Zeit, die sie dort verbringen darf, und für die Lektionen, die sie gelernt hat. Juli weiß jetzt mehr denn je, dass das Leben ein kostbares Geschenk ist, das man mit Liebe, Respekt und Freude teilen sollte, egal wie alt man ist.

Sein neues Kapitel

Leopold war 76 Jahre alt, als sein Leben eine unerwartete Wendung nahm. Unverheiratet und ohne Kinder lebte er bis dahin ein beschauliches Leben in seiner kleinen Wohnung. Die Nachbarn kannten ihn als ruhigen, freundlichen Mann, der täglich seinen Spaziergang machte und gelegentlich im kleinen Café um die Ecke zu finden war. Doch eines Tages wurde alles anders: Er erlitt einen Schlaganfall, der nicht nur sein körperliches Wohlbefinden beeinträchtigte, sondern auch sein Sprachzentrum angreift.

Nach dem Krankenhausaufenthalt kam die Rehabilitation. Die ersten Tage waren hart für Leopold; das Gehen am Rollator fiel ihm schwer, und das Sprechen schien fast unmöglich. Doch mit viel Geduld und der Unterstützung der Therapeuten erlernte er, wieder ein Stück weit zurück zu seinem alten Leben zu finden. Der Rollator wurde schnell zu seinem treuen Begleiter, und nach einigen Wochen war er stolz, schrittweise Fortschritte zu machen.

Dennoch war Leopold darauf angewiesen, im Seniorenheim einzuziehen. Es war eine neue Umgebung für ihn, unübersichtlich und fremd. Doch die Mitarbeiter im Pflegeheim waren freundlich und hilfsbereit, was ihm half, sich etwas wohler zu fühlen. Sein Zimmer, zwar klein, wurde schnell zu seinem Rückzugsort – einem Ort, an dem er das Gefühl von Sicherheit und Vertrautheit bewahren konnte. Dort hatte er einen Fernseher, der für ihn von größter Bedeutung war. Die Welt der Filme und Serien bot ihm einen kleinen Ausblick auf das Leben außerhalb seiner vier Wände. Die Abende verbrachte er oft damit, in die Geschichten einzutauchen, während er auf seinem Lieblingssessel saß und die Zeit vergaß.

Trotz der Veränderungen in seinem Leben nahm Leopold an den angebotenen Aktivitäten im Heim nicht teil. Die Vorstellung, sich unter Menschen zu bewegen und an Programmen teilzunehmen, die ihm vielleicht früher Freude bereitet hätten, schreckte ihn ab. Stattdessen zog er es vor, in seinem Zimmer zu verweilen und die Gesellschaft des Fernsehers zu genießen. Zigaretten gehörten fest zu seinem Ritual, und so nutzte er oft den Balkon des Wohnbereichs, um eine Raucherpause einzulegen. Das frische Lüftchen und die Aussicht auf den Garten gaben ihm ein bisschen von der Freiheit zurück, die er vermisste.

Eine besondere Bereicherung in Leopolds Alltag waren die Besuche von John, dem Mitarbeiter des begleitenden Dienstes, und seiner Kollegin Vanessa. Sie kamen jede Woche vorbei, um mit ihm zu sprechen und Zeit mit ihm zu verbringen. Das Reden fiel Leopold schwer; es war eine Herausforderung, die Worte zu finden, die er benötigte, um sich auszudrücken. Mit viel Geduld und Verständnis unterstützten John und Vanessa ihn dabei. Sie wussten, dass es wichtig war, ihm die Zeit zu geben, die er brauchte.

Leopold genoss diese Besuche sehr. Der Austausch, auch wenn er manchmal holprig verlief, gab ihm das Gefühl, nicht allein zu sein. Die Gespräche reichten von alltäglichen Themen bis hin zu Erinnerungen an seine Jugend, an die schönen Momente, die er erlebt hatte, und an die Menschen, die ihn geprägt hatten. In diesen Stunden blühte Leopold auf, und die Probleme, die durch den Schlaganfall entstanden waren, schienen für einen kleinen Moment in den Hintergrund zu rücken. So spürte er die menschliche Verbindung, die ihm half, die Einsamkeit des Alters und der neuen Lebensumstände zu ertragen.

Mit der Zeit gewöhnte sich Leopold an die Routine im Seniorenheim. Er fand seinen Platz, auch wenn es nicht der war, den er sich einst erträumt hatte. Die Mitarbeiter, die sich um ihn kümmerten, waren ihm zu Freunden geworden, und er wusste, dass er in guten Händen war. Auch wenn seine Tage oft still vergingen, wusste er, dass er die Kontrolle über sein kleines Reich bewahren konnte. Und so blieb er dort, wo er war — im kleinen Zimmer, mit dem Fernseher, dem Balkon und den Besuchen von John und Vanessa, die hm ein Lächeln ins Gesicht zauberten und ihm halfen, die Herausforderungen des Älterwerdens mit Würde und Anmut zu meistern.

In den endlosen Stunden des Fernsehens, den Rauchpausen auf dem Balkon und den Gesprächen über Vergangenheit und Gegenwart fand Leopold eine seltsame Art von Frieden — wenn auch mit der ständigen Erinnerung an das, was er verloren hatte. Doch trotz all der Herausforderungen wusste er, dass er immer noch ein Leben zu leben hatte, und das begann bei der persönlichen Akzeptanz dessen, was gekommen war. Und so setzte Leopold fort, Tag für Tag, in seinem kleinen Lebensraum mit der Hoffnung, dass jeder neue Besuch, jede kleine Interaktion und jeder neue Filmausschnitt ihn ein Stück näher zu dem zurückbringen würde, was er einmal war.

Frühdienst

Der Tag im Seniorenheim beginnt jeden Morgen um Punkt sechs Uhr, wenn der Frühdienst seinen Lauf nimmt. Die ersten Sonnenstrahlen dringen durch die Fenster und beleuchten die stillen Flure des Hauses. Um diese Zeit ist es noch ruhig, nur das gedämpfte Geräusch von Schuhen auf dem Boden und das gelegentliche Flüstern der Pfleger sind zu hören. Der erste Schritt in den Tag ist die Übergabe vom Nachtdienst – ein Moment, der für alle beteiligten Pflegekräfte von enormer Bedeutung ist.

In diesem vertraulichen Rahmen berichten die Nachtpfleger über alles, was während ihrer Schicht geschehen ist. Dieser Austausch ist mehr als nur eine bloße Informationsweitergabe; er ist geprägt von einem tiefen Verständnis und einem engen Verhältnis zu den Bewohnern. Manchmal wird es ganz still, wenn ein Name fällt – „Frau X" oder „Herr Y" sind verstorben. Diese Nachrichten treffen die Pflegekräfte hart, denn jede und jeder von ihnen hat eine Geschichte mit den Bewohnern geteilt. Mal war die Bindung intensiver, mal oberflächlicher, doch der Verlust berührt sie alle – ein stummer Tribut an die Lebensgeschichte jedes Einzelnen.

Nach dieser emotionalen Übergabe beginnt die persönliche Pflege der Bewohner. Die Pflegerinnen und Pfleger machen sich auf den

Weg von Zimmer zu Zimmer, um sich um die Bedürfnisse der Senioren zu kümmern. Hierbei handelt es sich oft um alltägliche Dinge: Waschen, Duschen, Kämmen, Rasieren oder einfach nur ein offenes Ohr. Jeder Bewohner benötigt unterschiedliche Unterstützung, und die Pfleger passen ihre Hilfe individuell an.

Während die einen sich um die persönliche Hygiene kümmern, stehen die anderen bereits in der Küche, wo das Frühstück vorbereitet wird. Es gibt eine harmonische Koordination zwischen den verschiedenen Tätigkeiten, die dazu beitragen, dass der Tagesablauf reibungslos funktioniert. Es ist ein gut eingespieltes Team, das zusammenarbeitet, um den Senioren den Start in den Tag so angenehm wie möglich zu gestalten.

Doch nicht immer verläuft der Tag nach Plan. Wenn eine oder auch zwei Pflegekräfte ausfallen, bleibt die Arbeit nicht stehen. Das Team muss flexibel reagieren und improvisieren. Es ist nicht immer leicht, wenn der Zeitplan durcheinandergerät, doch die enge Zusammenarbeit mit den Kollegen anderer Wohnbereiche kann hier von großem Nutzen sein. Wenn die Versorgung der Bewohner gesichert ist, gönnen sich die Mitarbeiter auch einmal eine wohlverdiente Pause.

In dieser Zeit kommen verschiedene Dienste ins Spiel. Der begleitende Dienst hat spezielle

Angebote für die Bewohner vorbereitet, um deren Tagesstruktur zu bereichern. Physiotherapeuten besuchen das Heim, um individuelle Therapien durchzuführen und dadurch die Mobilität sowie das Wohlbefinden der älteren Menschen zu fördern. Diese Angebote sind von unschätzbarem Wert und tragen dazu bei, die Lebensqualität der Senioren zu steigern.

Die Atmosphäre im Heim wird von einem spirituellen Gefühl der Gemeinschaft geprägt. Es wird gelacht, Geschichten werden erzählt und oft blitzen die Gesichter der Bewohner auf, wenn sie mit den Pflegern interagieren. Diese kleinen Momente sind es, die den Alltag so besonders machen – sie bringen Licht in die manchmal dunklen Gedanken des Alters und des Abschieds.

Und dann, nach der liebevollen und sorgfältigen Arbeit, kommt bald das Mittagessen. Viele Bewohner freuen sich darauf, ihre Lieblingsgerichte zu genießen, während sie am Tisch Platz nehmen. Die Pfleger sind nicht nur für die Pflege verantwortlich, sondern auch für die soziale Interaktion; das Essen wird zu einem Moment des Zusammenkommens. Hier wird gegessen, geredet und gelacht, und die Gemeinschaft spiegelt sich in diesen alltäglichen Ritualen wider.

Ein Arbeitstag im Seniorenheim ist niemals langweilig. Die Herausforderungen sind vielschichtig, die Emotionen intensiv. Doch die Dankbarkeit und das Lächeln auf den Gesichtern der Bewohner sind der Lohn für all die Mühe, die die Pflegekräfte investieren. Sie sind nicht nur Betreuer, sie sind Begleiter und Freundinnen und Freunde.

Die Pflege im Seniorenheim bringt zahlreiche Herausforderungen mit sich. Oftmals fühlen sich die Pflegekräfte erschöpft, sowohl körperlich als auch emotional.

Es gibt Tage, an denen die Ausdauer auf die Probe gestellt wird: Ein Bewohner benötigt ständige Aufmerksamkeit, während ein anderer plötzlich erkrankt. Trotz dieser Schwierigkeiten gibt es einen unbestreitbaren Sinn für Erfüllung, der sich aus der direkten Beziehung zu den Menschen ergibt, um die sie sich kümmern.

Das Gefühl, gebraucht zu werden, das Lächeln, wenn ein Bewohner eine alltägliche Aufgabe alleine bewältigen kann – das sind die Momente, die den Pflegeberuf so besonders machen.

Auch wenn die Zeit schnell vergeht und der Alltag oft turbulent ist, bleibt der Mensch im Mittelpunkt. Jeder Bewohner hat eine eigene Geschichte, eine Vergangenheit, die es wert ist, gehört zu werden.

Im Verlauf eines Tages im Seniorenheim wird deutlich, dass es nicht nur um die körperliche Pflege geht. Es geht darum, den Bewohnern ein

Gefühl der Würde und der Zugehörigkeit zu geben. Die Pflegekräfte tragen dazu bei, dass die Senioren in ihrem neuen Zuhause nicht nur existieren, sondern leben können.

Gestärkt durch diesen Kontext wird klar, dass der Frühdienst im Seniorenheim viel mehr als ein Job ist – er ist eine Berufung. Und obwohl jeder Tag Herausforderungen mit sich bringt, sind die positiven Momente und die Fortschritte der Senioren der Grund, warum die Mitarbeitenden mit Herz und Hingabe bei der Sache sind.

Wo andere den Untergang sehen, erkennen sie die Schönheit im täglichen Leben und im Geben ihrer Zeit.

Der Frühdienst im Seniorenheim bedeutet, einen wichtigen Teil des Lebens der älteren Menschen zu begleiten. Es ist eine Zeit des Aufbruchs, des Wandels und der Zuwendung – sowohl für die Pflegekräfte als auch für die Bewohner.

Durch ihre Hingabe und Empathie gelingt es den Pflegekräften, eine Atmosphäre zu schaffen, in der Respekt, Freundschaft und Lebensfreude herrschen.

Die Herausforderung, die sowohl die physischen als auch psychischen Belastungen mit sich bringt, zeigt auch die Stärke der Gemeinschaft im Seniorenheim. In diesen Räumlichkeiten ist jede Begegnung prägend, jeder Tag ein neues Kapitel im Buch des Lebens der Senioren. So wird der Frühdienst zu einer wertvollen Aufbereitung des Alltags, der Hoffnung, Unterstützung und Liebe vermittelt.

Ein Seniorenheim als große Familie

Das Leben in einem Seniorenheim ist geprägt von Gemeinschaft, Zusammenhalt und einem unaufhörlichen Streben nach dem Wohl der Bewohner. In unserem Heim mit 112 Bewohnern, deren Durchschnittsalter bei 88 Jahren liegt, wird dieses Prinzip besonders deutlich. Hier wird nicht nur Pflege geleistet, sondern es entsteht ein einzigartiger Mikrokosmos, in dem alle Mitarbeiter – von der Heimleitung über die Pflegekräfte bis hin zum Küchenteam und den Auszubildenden – eine essenzielle Rolle spielen.

1. Die Rolle der Heimleitung

Die Heimleitung fungiert als das Herz des Seniorenheims. Sie sorgt dafür, dass die internen Abläufe reibungslos funktionieren und dass alle Mitarbeiter an einem Strang ziehen. Gerade in schwierigen Zeiten, sei es aufgrund personeller Engpässe oder unerwarteter Herausforderungen wie gesundheitlichen Krisen, ist die Fähigkeit der Heimleitung, Ruhe zu bewahren und klare Entscheidungen zu treffen, von entscheidender Bedeutung. Sie koordiniert die verschiedenen Abteilungen, hat immer ein offenes Ohr für Anliegen der Mitarbeiter und Bewohner und pflegt den Kontakt zu Angehörigen.

2. Die Pflegedienstleitung

Die Pflegedienstleitung steht an vorderster Front, wenn es um die direkte Pflege der Bewohner geht. Sie ist verantwortlich für die Planung und Organisation der Pflegeleistungen, die Qualitätskontrolle sowie die Schulung der Pflegekräfte. Durch regelmäßige Teammeetings und Schulungen gewährleistet sie, dass alle Beteiligten gut informiert und auf dem neuesten Stand sind. Der Austausch zwischen den Pflegefachkräften und der Pflegedienstleitung ist grundlegend, um dem hohen Standard gerecht zu werden, den die Bewohner verdienen. Besonders in Krisenzeiten muss die Pflegedienstleitung flexibel reagieren können, um die bestmögliche Versorgung sicherzustellen und die Motivation des Teams aufrechtzuerhalten.

3. Verwaltung und Organisation

Die Verwaltungsmitarbeiter sind das Rückgrat der Einrichtung. Sie erledigen alles, was hinter den Kulissen abläuft, von der Bewohnerverwaltung über die Abrechnung bis hin zur Organisation von Freizeitaktivitäten. Ihre Arbeit ist oft unsichtbar, aber ohne sie könnte der Alltag nicht reibungslos funktionieren. Besonders in herausfordernden Momenten, wenn zusätzliche Ressourcen benötigt werden oder neue Richtlinien umgesetzt werden müssen, müssen sie proaktiv handeln und eng mit allen Abteilungen zusammenarbeiten.

4. Das Küchenteam

Das Küchenteam spielt eine zentrale Rolle im Alltag des Seniorenheims. Eine ausgewogene Ernährung ist entscheidend für das Wohlbefinden der Bewohner, insbesondere im Alter. Das Küchenteam stellt sicher, dass alle Mahlzeiten auf die speziellen Bedürfnisse der Senioren abgestimmt sind. Sie berücksichtigen häufige gesundheitliche Einschränkungen und ernährungsbedingte Vorlieben. Ein gutes Essen kann nicht nur die körperliche Gesundheit fördern, sondern auch die moralische Unterstützung bieten. Auch hier ist Teamarbeit gefragt. Küchenmitarbeiter müssen eng mit der Pflegeabteilung kommunizieren, um Allergien und spezielle Diäten zu beachten.

5. Hauswirtschaft und Sauberkeit

Ein weiterer Schlüssel zum Erfolg ist die Hauswirtschaft. Sauberkeit und Hygiene sind tragen maßgeblich zur Lebensqualität der Bewohner bei. Das Haus-wirtschaftsteam kümmert sich um die Reinigung der Räumlichkeiten, die Wäsche und die allgemeine Instandhaltung des Heims. In stressigen Zeiten etwa während eines Ausbruchs einer Krankheit, wird ihr Beitrag noch wichtiger. Sie arbeiten Hand in Hand mit der Pflege, um sicherzustellen, dass alles hygienisch einwandfrei bleibt, und tragen damit aktiv zur Sicherheit der Bewohner bei.

6. Pflegefachkräfte und Pflegehelfer

Die Pflegefachkräfte und Pflegehelfer sind die wahren Helden des Alltags. Sie leisten emotionalen und körperlichen Beistand und schaffen eine vertrauensvolle Beziehung zu den Bewohnern. Diese Bindung ist besonders wichtig, denn sie sorgt dafür, dass sich die Senioren sicher und geborgen fühlen. Neben der medizinischen Grundversorgung übernehmen sie auch die Aufgaben der sozialen Betreuung, indem sie Zeit mit den Bewohnern verbringen, Gespräche führen und Beschäftigungsangebote anbieten. So wird das Seniorenheim zu einem Ort, an dem die Bewohner nicht nur versorgt, sondern auch wirklich wahrgenommen werden.

7. Die Rolle der Auszubildenden

Die Auszubildenden sind die Zukunft unserer Pflegeeinrichtung. Sie bringen frischen Wind und neue Ideen mit, die oft sehr wertvoll sind. Die Integration der Auszubildenden ins Team bietet ihnen nicht nur praktische Erfahrung, sondern fördert auch den Wissensaustausch zwischen den Generationen. Zudem ist es wichtig, dass sie gut betreut und angeleitet werden, um sich in ihrer Rolle sicher zu fühlen. Auch hier ist die Zusammenarbeit aller notwendig, um eine positive Lernumgebung zu schaffen, die den Auszubildenden motiviert und auf ihre künftigen Herausforderungen vorbereitet.

8. Haustechnik

Die Haustechnik sorgt dafür, dass alles im Haus funktioniert. Sie ist für die Instandhaltung der technischen Anlagen und der Gebäude verantwortlich. Oft wird ihre Arbeit erst dann wahrgenommen, wenn etwas nicht funktioniert, jedoch ist ihre Rolle von zentraler Bedeutung. Ob es darum geht, einen defekten Wasserhahn zu reparieren oder technische Lösungen zu finden, um den Alltag der Bewohner zu verbessern – die Haustechnik trägt dazu bei, dass die Einrichtung auch in schwierigen Zeiten optimal laufen kann.

Gemeinsam stark

Ein Seniorenheim ist mehr als nur ein Ort, an dem Menschen leben; es ist eine Gemeinschaft, in der jeder seinen Platz hat. Der enge Austausch und die Unterstützung untereinander sind unerlässlich für das Wohl der Bewohner. Zusammenarbeit ist das A und O, um auch in schwierigen Zeiten den Betrieb aufrechtzuerhalten und ein Umfeld zu schaffen, das Geborgenheit und Lebensfreude bietet.

Die oben genannten Abteilungen sind nur einige der vielen, die in einem Seniorenheim ineinandergreifen, um das Leben der Bewohner zu bereichern. Jeder einzelne Mitarbeiter, ob sichtbar oder im Hintergrund tätig, leistet einen wertvollen Beitrag. Indem wir den Fokus auf Teamarbeit und gegenseitige Unterstützung legen, verwandeln wir unser Heim in eine große Familie, in der sich jeder angenommen und geschätzt fühlt. Nur so können wir gewährleisten, dass unsere Bewohner nicht nur einen Ort zum Leben haben, sondern tatsächlich ein Zuhause finden, in dem sie sich wohlfühlen.